可能性のとびらを開け！

セルフ・サジェスション入門

こんにちは。イケメン・ポジティブ作家の…
百川怜央です！

ポジティブ思考は人を変えます。実はわたしも……

5年前のわたし…
どこがイケメンじゃ
どよ〜ん
このとき91キロあった体重が…
いまでは、**65キロに！**
そして、ダイエットだけじゃなくなんと…

髪まで
生えてきたぁ～！
フサフサ
バッ!!
すごーい！
ほんまかいな・・・
根我男《ネガオ》くん
保志子《ポジコ》さん

はじめに

ポジティブ・シンキングの祖として知られる、フランスの薬学者エミール・クーエ（1857〜1926年）。

遡ること100年ほど前に彼が提唱した「セルフ・サジェスション」の実践に取り組んで以来、おかげさまでわたしの人生は大きく変化を遂げています。

では、セルフ・サジェスションの実践とは、いったいどういうものでしょうか？

それは、

「良くなるよ　わたし毎日　あらゆる面」

この言葉を朝夕20回唱えるだけのことです。

このアファメーション（自分への宣言）を実際に毎日唱えはじめて、はや四年の歳月を迎えようとしています。

おかげさまで本当に、劇的に人生が開けていく日々。

2012年1月にポジティブ作家・百川怜央としてデビューし、この四年の間に本書を含めると五冊の著書を出版させていただいています。神戸を中心に展開中のポジティブセミナーも好評で、おかげさまで毎日がジェットコースターに乗っているような驚きと喜びに溢れています。

生活習慣も大きく改善し、90キロを超えていた体重は20キロ以上ダイエットに成功したのを皮切りに、オシャレができる体型に変わって、いまや見た目も大きく変化。おかげさまで周囲から「年々若返っていますね」とお声かけをいただきます。

生活習慣病で毎週二回の病院通いがゼロになり、さらには仕事や人間関係などでトラブルに巻き込まれることがなくなり、むしろ周囲にサポーターが大勢いて、ご協力をいただきながら、スイスイと、ことが運んでいきます。

ライフワークとする専門分野の哲学研究では念願の国際学会でのデビューを果たし、本名でも著書を出版することができてあらゆることが順調に進んでいきます。

本当に良いことって、長続きするものですね。

日本中、世界中の皆さまに是非この実践をお勧めしようと、神戸を中心に開催中のセミナーも、サポーターの皆さまのご支援で継続することができています。

さて、エミール・クーエの実践は、もともとは心理療法の取り組みとしてスタートしたものです。

はじめに

ですから宗教・宗派、主義・主張などには一切関係なく、誰もが共通して実践できる取り組みなのです（しかもタダ）。

第一回の百川怜央ポジティブセミナー以来、繰り返し紹介し説明させていただいているエミール・クーエの理論と実践。

百川怜央サポートクラブのメンバーや周囲のサポーターからのご要望をうけ、このたび神戸のアートヴィレッジ社の越智さまのご協力を得て、この一冊の書籍にまとめさせていただきました。

「良くなるよ　わたし毎日　あらゆる面」

一度唱えるのにわずか2秒。20回でもたった40秒の実践にすぎません。

これだけで人生を変えることができるなら、「やらなかった後悔より、やった後悔のほうが絶対にプラス」ですね。もちろん実際にやってみて、後悔することなんて一切ありませんよ。

平成27年11月

百龍嬉水のほとり・新神戸にて　百川怜央

目次

目　次

第2部　百川怜央の実践と体験報告　45

目次

第1部

セルフ・サジェスションの理論と実践

ジャーン

わっ
だ誰?!

エミール・クーエ…
ポジティブ・シンキングの祖
イエィ
人は皆、自己暗示で生きておる。それを決めるのは、日々の習慣なのじゃよ。
あなたはどっち？
ポジティブ習慣
ネガティブ習慣

序章　エミール・クーエのセルフ・サジェスションについて

エミール・クーエのセルフ・サジェスションといっても、耳慣れない言葉かもしれません。

セルフ・サジェスションは、日本語に訳すと「自己暗示」。わたしの知るかぎり直接エミール・クーエの心理療法を日本で紹介している翻訳は、『自己暗示』（河野徹訳、法政大学出版局）と『暗示で心と体を癒しなさい！』（林陽訳、かんき出版）の二冊だけです。エミール・クーエの心理療法の取り組みは海外では広く知られているところで、近年医療現場でその効果が再び注目されていますね。

エミール・クーエは自己啓発の分野では、ポジティブ・シンキングの祖として知られており、われわれ日本人にも身近なところでいうと『思考は現実化する』（田中孝顕訳、きこ書房）で知られるナポレオン・ヒルの成功哲学（W・クレメント・ストーンとの共著、田中孝顕訳『心構えが奇跡を生む』きこ書房）や『世界最強の商人』（山川紘矢、山川亜希子訳、角川文庫）で知られるオグ・マンディーノの小説（坂本貢一訳『十二番目の天使』求龍堂）などにもその影響を見て取ることができて、それぞれの手法に活用されています。

とはいえ、われわれ日本人は自己啓発や自己暗示というと、何かあやしげなものだと感じてしまいがち。そこで、百川怜央セミナーでは敢えて自己暗示という訳語を外して、セルフ・サジェスションという英語の表現でエミール・クーエの理論と実践を紹介しています。

わたしはポジティブ作家・百川怜央のペンネームでこの活動に取り組んでいますが、本来の専門は実は哲学研究です。人間精神の基礎構造の解明に向けて本格的な学術研究に取り組んで、おかげさまで京都大学から博士号も頂戴することができました。

そんなわたしがエミール・クーエのセルフ・サジェスションにつよい関心をもったのは、もちろん彼の提示した理論が自分の哲学研究に資する有益なところがあるためです。そして、何よりも自分自身がエミール・クーエの実践に取り組んでいくことで、心身ともに大きな変化と成長を得ることができたからです。実際セルフ・サジェスションに取り組むと、すぐにある気づきが得られます。それは、実は自分が自己暗示的に日常生活を過ごしているということ。ふだん意識しているかどうかには関わりなく、自己暗示的な存在者としての自分自身に目覚めます。

思考習慣は、いわば考え方のクセですね。ポジティブな思考習慣とネガティブな思考習慣。皆さまはどちらのタイプですか？

わたしたちが明確な思考を行うためには、言語を用いる必要があります。たしかに漠然としたあいまいなイメージは言語を用いずとも描くことができるかもしれません。しかし、明確なはっきりとした思考は言語によってもたらされるものです。ですから、自分のふだんの思考習慣を見直すために必要なのは、実は自分のふだんの言語習慣を反省してみることなのです。言語習慣、すなわち口グセ。ネガティブな思考習慣に陥っている人は、ふだんの口グセがネガティブな言葉づかいになってしまってはいませんか？

実は自己暗示は、ポジティブにもネガティブにもかけることができるもの。注意する必要があるのはふだんの自分の言葉づかいが、自分にポジティブにもネガティブにも暗示をかけてしまうことです。エミール・クーエのセルフ・サジェスションの理論と実践は、わたしにこのことを教えてくれたのです。

「われわれ理性的存在者は、自己暗示的な存在者に他ならない」

哲学的におかたく表現すると、こんな感じになるかもしれませんね。

第1章　セルフ・サジェスションの目的とは何か？

①悪い思い込みが起きるのを未然に防いで、不幸な結果を招かない

物事がうまく運ばないときって、誰にも経験があるものですね。スランプとでもいいましょうか、あたかも何かに取り憑かれてでもいるかのように、やることなすこと、ことごとく失敗に終わっていた時期。そんなスランプはもちろんわたしにもありました。

「どうしてこんなにも不幸な事態が、度重なって起きてしまうのか？」

あとから冷静に振り返ると大抵の場合それは自己責任で、自分の行動や発言から不幸な事態を招いてしまっていたなんてことがありませんか？　実際、自分で勝手に思い込んだ良くない考えから、必要ない行動をとってしまい、不幸な結果を招いてしまった経験はないでしょうか？

セミナーでこんな問いかけをしますと、「たしかに、ありますね」とか「はい、毎日です」とか、誰しもが同じ似たような失敗体験をしていることがうかがえます。

セルフ・サジェスションの目的の第一は、このような不幸な結果をもたらす事態を

自分で引き起こしてしまわないようにすることです。まずは、不幸な事態を引き起こす原因は自分自身にあるかもしれないと率直に認めて、どうすれば不幸な結果が起きるのを阻止できるかを考えてみましょう。

「なぜあのとき、あんな振る舞いをしてしまったのだろう？」

そんな後悔の日々にサヨナラするために、セルフ・サジェスションの実践が必要です。わたしたちのふだんの行動の原因は、わたしたちがその行動の対象にふだんからどのような思いを抱いているかということ。たとえば、嫌いな上司には相手を避けるような行動をとってしまうでしょうし、イヤな先生には笑顔であいさつなんてなかなかできるものではないでしょう。

人間関係が最もわかりやすい例ですが、ふだんの行動の対象にはいろいろあって、たとえば仕事、たとえば勉強、たとえばお金、ときには自分自身に関わるまで、さまざまに考えられますね。このような対象に抱いた思いというのは、もしかすると単なる思い込みかも。友だちに人間関係について相談すると、「それってただの思い込みよ」なんてアドバイスをよく受けませんか？

悪い思い込みは悪い行動を引き起こし、その行動が原因になって当然に悪い結果を招いてしまいます。この部分を解消し、物事を改善に向かわせること。これがセルフ・サジェスションの目的の第一なのです。

②意識的に、より良い思い入れを抱くことを可能にする

ここで少し落ち着いて、自分の毎日の生活を反省してみましょう。

毎日いろいろと気になることが多くて、ふだんからあれこれ心配して不安な時間を過ごしても、実際には心配事や不安な事態の大半は起こっていないということはありませんか？

冷静に振り返ってみると、心配症でいろいろ考えているわりには心配したことの一割も、実際には発生していないということはありませんか？

また、実際に発生してしまった一割の心配事についても、その大半はむしろ自分の行動が原因となって自分から招き寄せてしまっているなんてことはありませんか？

わたしがセルフ・サジェスションに取り組んだきっかけは、まさにこの部分にありました。もう４年も前のこと、どうやら自分の周囲にネガティブな事態が頻繁に発生するのは、自分の勝手な悪い思い込みからの行動に起因しているのではないかとの疑念からなのです。

たしかに、悪い思い込みは日々のさまざまな経験の積み重ねから、無意識のうちに身についてしまったものかもしれませんね。しかし、この思い込みは意識的により良い方向へと導くことが可能です。より良い思い入れをふだんの行動の対象に向けてつくり上げていくことを可能にするのが、セルフ・サジェスションの実践なのです。

ポイントは、このセルフ・サジェスションは意識的に取り組むことが可能な実践であるということです。自分で意識して、自発的に自分の思考習慣を更新していく、誘導していく実践がセルフ・サジェスションなのです。

日本語では「自己暗示」の訳語となるセルフ・サジェスションですが、実際にその実践に取り組むと、むしろ本来の前向きな自分を表に出していこうという「自己開示」的な姿勢を身につけることができます。自分を卑下して自嘲的に悪く思い込もうという態度から、ありのままの本来の自分を認めつつ、より良く自分を高めていこうという振る舞いをする人間へと変化し成長するのです。

第2章　セルフ・サジェスションにはどのような法則があるのか？

やらなきゃ！
やだ、やだやだ！

ボカッ
ヤダー

意志と想像力が
衝突するときは、
想像力が意志を
圧倒する。
エミール・クーエ
宿題は?!

① 意志と想像力がぶつかるときには、想像力がつねに意志にまさる

心のなかで自分が「何かをしよう」と思っている意志の部分と、「いや、自分にはそれはできない」と思っている想像力の部分とが真っ向から対立するとき、わたしたちは自分のイメージのなかで「それはできない」と思い込んでいる、物事を不可能にする方向へと行動を向かわせてしまいます。

つまり、何か目標に向かって行動するときには、意志はポジティブでも、想像力のほうが「ムリムリ」とネガティブな方向に働いた場合は、ネガティブな想像力がつねにポジティブな意志にまさるのです。その結果、本当に目標の実現を不可能にしてしまう行動をとるのです。

たとえば地上数百メートルの高層ビル二棟が、幅1メートル、長さ10メートル、厚さがじゅうぶんあって、絶対に折れない鋼鉄製の鉄板で橋がかけられていたとしましょう（実際に新神戸駅前には二棟の高層ビルがあって、セミナー参加者がイメージしやすい例なのです）。イメージしてください。この鋼鉄製の鉄板の橋を、10メートルの向こう側までわたることができますか？

この鉄板が地上に置いてある場合には、わたしたちはみな何ら問題もなく端から端まで10メートル歩いていくことができるでしょう。ところが、この絶対に折れない鋼鉄の鉄板も、地上数百メートルの高層ビルをつなぐ10メートルの橋としてイメージさ

れた場合、容易にわたることができない橋へと変じてしまいます。

なぜでしょうか？

それは、わたしたちの頭のなかにネガティブな想像力が働いて、物事をイメージしてしまうからです。「これは危険だ」、「落ちるかもしれない」、「落ちたら必ず死ぬぞ」、「安全性なんてまるでないじゃないか」と、このような一連のネガティブなイメージが頭のなかを駆けめぐり、「とてもじゃないが、この鉄板をわたることなんてできない」というつよい感情が心のなかに形成されていきます。

こうなると、もう「ムリムリ」「不可能」で、鋼鉄製で絶対に折れず物理的には完全に安全だと、理屈では理解できていても、鉄板に足をかけてみようにも身体のほうがコチコチに萎縮してしまい、恐くて行動をとることすら不可能にしてしまうのです。

②意志と想像力が衝突するときには、想像力は意志を圧倒する

たとえば、子どものころのことを思い出してみてください。

たっぷり遊んだ夏休みの最終日に、全然やらずに残ってしまった宿題。「まいったなあ、やらなきゃ先生からこっぴどく怒られてしまうぞ」と困り果ててしまった経験はありませんか？

この宿題を「やろうやろう」、「やらなきゃやらなきゃ」とつよく意識して、「やろう」

との意志を抱けば抱くほど、逆に「もうムリ」、「あーヤダヤダ」とネガティブに想像力が働いてしまい、全然宿題をやることができずに翌日の始業式を迎えてしまった経験がありませんか？

このようにネガティブな仕方で想像力が働くと、ポジティブな意志をもって物事に取り組もうとしても、必ず想像力のほうが意志に打ち勝ってしまい、何ごとも成し遂げられないほうへと行動が導かれてしまいます。

エミール・クーエが強調するのは、この法則には例外がないということです。必ず想像力のほうが意志にまさってしまうということ。想像力のもつ力に例外がないとまで強調するような思想家を、わたしは他に知りません。

しかし、現実の生活のなかでは、それでもやらなきゃならないことはやはりやらなきゃならないという場面があって、つよく意志を働かせる場面もあるでしょう。このようにポジティブな方向へと意志をつよめていけばつよめていくほど、ネガティブな想像力のほうもいっそうつよくイメージされていくことをエミール・クーエは指摘しています。

つよい意志をもつことで、想像力のほうもつよまるということ。こういうわけで、不可能だとイメージしている物事を現実化させていくために必要な行動をとるのには、強烈なストレスがかかることになります。そして、ときには病的なまでのダメージをわたしたちの心と身体にもたらすことになるのです。

まずこのような意志と想像力の関係に基本的な理解をもつことが、多忙な現代社会でストレスフルな生活を送る皆さまに必要なことだとわたしは思います。そしてこのような法則に気がついたわたしたちが「では、どのような対処法があるのか」ということを真剣に考え抜くことが、わたしたちが心身ともに健康で健全な生活を現実化していく上で不可欠であるように思うのです。

③ 意志と想像力が一致するときには、意志は想像力によって強化される

必ず想像力のほうが意志にまさるということは、逆にいうと想像力によって意志を強化し、何倍にも行動に勢いをつけることが可能なのです。つまり、ポジティブな意志に、さらにポジティブに想像力が働くことで、わたしたちの行動はどんどん推進されて、これまでには経験したこともないような行動の結果をもたらすことが可能だということですね。

「これくらいはできるだろう」と取り組んでみると、はじめての経験でも、実際にやってみると自分でも意外なほど良くできて、驚いた経験はありませんか？　何でもよいので「まずはやってみよう」と思って実際にやってみて、思いのほかそれができてくると、「できるできる」という思いがポジティブなイメージを自分の心のなかで発生

させて、さらに「やってしまおう」という意志をつよめていきます。

あらゆることがスイスイ運んでいくイメージが心のなかに形成されて、ポジティブに想像力を働かせることによって、前向きの意志を自分の実際の行動に繋げていくと、驚くべき成果を上げることが可能になるのです。

④ 言葉によって想像力は誘導できる

何に対しても当初のうちは、わたしたちの心のなかにあるイメージは、ぼんやりとした曖昧模糊《あいまいもこ》なものです。このぼんやりとしたイメージを明確な思考へともたらすのが、言葉の力です。

たしかに深く物事を考えず、わたしたちはぼんやりしたイメージを心のなかに描くこともできます。しかし、はっきりした仕方で何らかの明確な思考を働かせようと思うと、わたしたちには思考の手段として言語を使用する必要があります。ここで、言葉の力とは、このような明確な思考を展開する能力のことをいうのです。

想像力は、自分の頭のなかで明確な思考と関連づけながら、一連のイメージをわたしたちの心のなかに形成していきますので、言葉がこの明確な思考と想像力とを関係づけていることに注意を払う必要があります。

言葉があいまいなイメージを明確な思考へと導いているとすると、言葉によってわたしたちの想像力は、ポジティブな方向にもネガティブな方向にも誘導できるということです。

思考習慣と言語習慣の関係を思い出してみてください。思考習慣とは考え方のクセで、言語習慣とは口グセです。口グセが考え方のクセにつよく影響を及ぼすのは、口グセとなっている言葉がわたしたちの想像力をポジティブなほうにもネガティブなほうにも誘導していくからです。

想像力自体はどのような方向にも向かうものです。イメージをどこまでも大きくすることもあれば、どこまでも小さなものとすることもできるのです。想像力をどのような方向に向かわせるか、どこまで大きなものにしていくのか。

ふだん使っている言葉が決定的な影響力をもっているということです。

この言語による想像力の誘導の結果として、自分のなかに一つの思考習慣ができ上がっていきます。この習慣が思い込みをつくり上げ、この思い込みにしたがってわたしたちは何かを思考し物事に判断を下しています。それだけにネガティブな思い込みよりも、むしろ前向きな何かへの思い入れが心のなかにあるかどうかが物事の達成度や具体的な成果に大きな役割を果たしているのです。

第3章　セルフ・サジェスションにはどのような原則があるか？

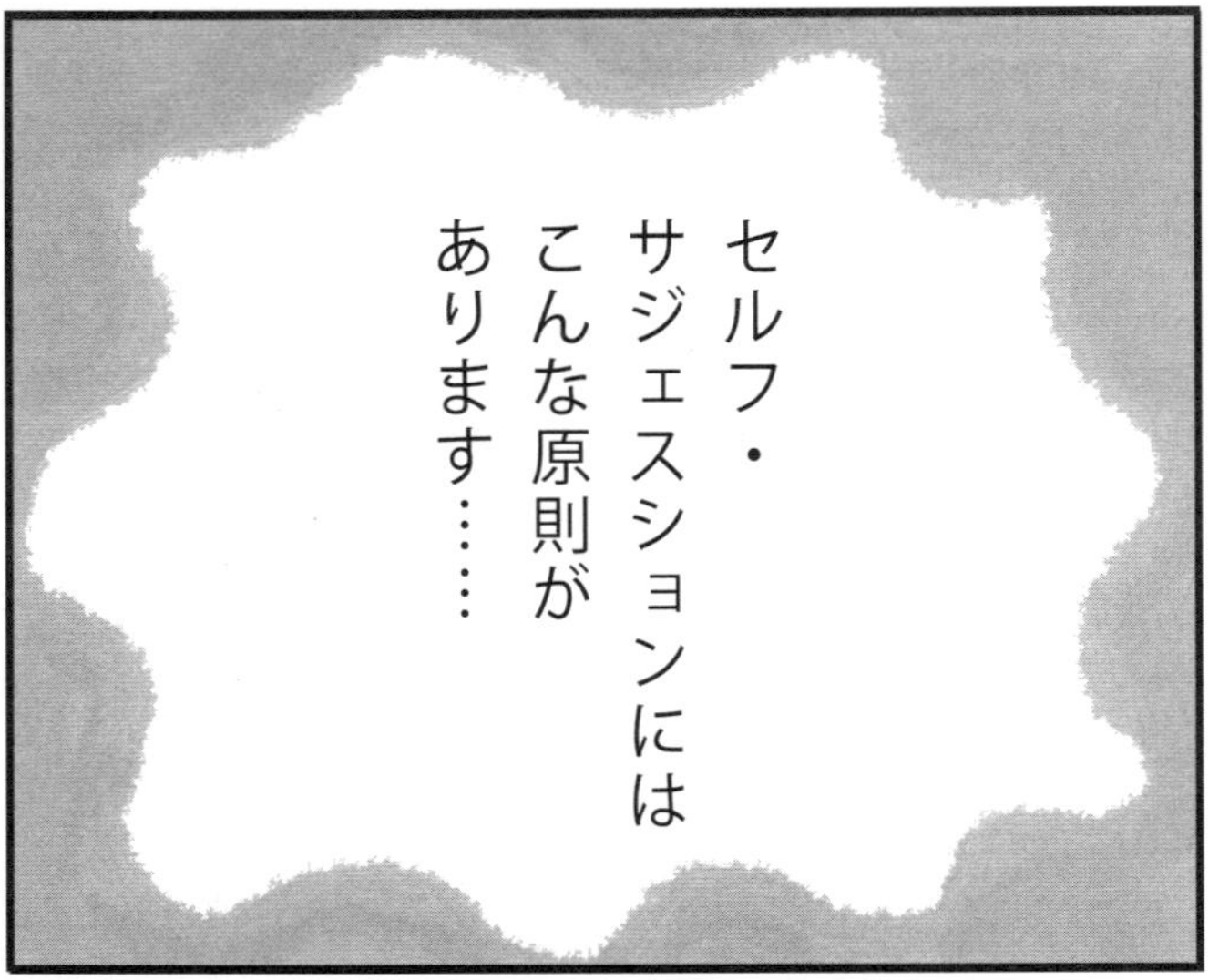
セルフ・
サジェスションには
こんな原則が
あります……

うまくいっている人は…

とことんうまくいく
あっ
あたり

うまくいっていない人は…

アホー
ぺちゃ
とことん、うまくいかない…

①人は一度に二つのことを考えられない

一度に人が頭のなかで考えられるのは、一つのことだけです。同じ瞬間、同時にポジティブなこととネガティブなこととを考えることはできません。

ここでは、ポジティブなのかネガティブなのかがはっきりとしない、ぼんやりしたイメージをいっているのではなく、言葉によって導かれるような明確な思考のことをいっています。ポジティブなことを考えているときは頭のなかはポジティブなことだけになるし、ネガティブなことを考えているときには頭のなかはネガティブなことだけになるわけで、この二つの思考が同じ瞬間に頭のなかに共存することはできないわけです。

言葉のうちにつよい思考誘導力を見て取るセルフ・サジェスションにおいて、この原則はきわめて重要で、セルフ・サジェスションの基本発想になっています。

すなわち、ポジティブな言葉によって思考がポジティブな方向に誘導されているときは、頭のなかはポジティブなイメージだけで満たされ、逆にネガティブな言葉に誘導されると、頭のなかはネガティブなイメージだけになってしまうのです。

②二つの考えを心のなかに並べていくことはできても、重ね合わせることができない

心のなかでポジティブなイメージとネガティブなイメージが、同じ瞬間に重なり合うことはありません。心のなかでそれぞれの入れ替わりはあるでしょうが、重なり合いはないということ。つねに両イメージは、交互に入れ替わる仕方で現れるものだということです。

たしかに、日常わたしたちの心のなかではさまざまな思いが駆け巡っています。しかし、瞬間瞬間でわたしたちの頭のなかによぎる思いは一つのものであって、複数の思いが重なり合いながら進行していくものではありません。一方が心によぎると他方が去り、またその逆という仕方で交互に交替しながらわたしたちのイメージは連なっていきます。

ネガティブ思考の人は、このイメージの連続がどちらかというとネガティブなものの連続になりがちな人であって、ネガティブな連想で心を支配されている人のことをいうのでしょう。

二つの思いが重なり合うことがないのですから、ネガティブな思いの連続を断ち切り、ポジティブな思いの連続へと転換をはかることで、セルフ・サジェスションの実践が可能となるのです。

③心に満たされた思いは何でも、本人にとっての現実となり行動に移される傾向がある

勝手な思い込みから変な行動をして、大失敗なんて経験は誰しもあるものですね。実際わたしたちの行動理由の大半は、自分が勝手に心で描いたイメージや、その結果の思い込みによるものです。これは、何か特別な場合に限られた話ではありません。むしろ、つねに心のなかに満たされている思いや考えによって行動してしまうのが、人間の振る舞いの基本的な在り方だと理解するほうが適切なのです。

何か特別な思い入れで前向きに取り組んで、成功を収めていくのも人間の行動の在り方ですし、勝手な後ろ向きの思い込みで判断してしまい、失敗を重ねていくのも人間の行動の在り方です。

周囲からは勝手な思い込みだと判断されるような考えも、そのことで悩んでいる当人にとっては現実なわけで、当人は心のなかに充満したその思い込みに基づいた行動をとります。

行動は思い込みに見合った結果を招きますので、心のなかがネガティブな思いに満たされた人は、つねに周囲でネガティブな現実が展開します。ですから、逆にポジティブな思いから物事に取り組んでいくことが本当に重要です。実際、明るく笑顔で積極的に行動する人は、その前向きな振る舞いや態度からポジティブな現実を引き寄せて

いくのです。

日ごろからどのような心のもちようで行動しているかが重要だと、しばしば指摘されるのは行動が習慣化されてしまうからです。また、セルフ・サジェスションの考え方からみると、自分の一つ一つの行動や発言は自分の思考を誘導していきますし、また周囲から自分に向けられる見方も自分のふだんの行動や発言から招かれたものです。

こういった一つ一つが自他ともに行動や考え方を習慣づけていくものなので、うまくいっている人はいつも物事がうまく運んでいきますし、うまくいかない人はとことんうまくいかない事態が発生するわけですね。

人は先入観のなかで生きているのが実際で、なかなかそこから抜け出せないのも確かです。この部分で自分に変化を与えて脱却をはかるのがセルフ・サジェスションの目指す実践方法といえるでしょう。

Day by day,
in Every way,
I' m Getting Better
and Better

第4章　セルフ・サジェスションにとって最も重要な原則は何か？

①想像力こそが支配者

わたしたちを良い方向へ導くのも、悪い方向へ誘うのも、すべては想像力によるものです。良い意味で自分の想像力を逞しくすることが基本です。つまり、自分の現状と未来の理想とを前向きに思い描く力が、自分の精神状態と自分を取り巻くすべての要素を支配していることを認めることがスタートです。

わたしたちがふだん想像していることは、ポジティブな内容のものもネガティブなそれも、わたしたちの日常生活の振る舞いからくる一つの結果です。日常生活の振る舞いをより良い方向へと誘導していくことをセルフ・サジェスションの実践から習慣づけていくことが大切です。

想像力をポジティブな方向へと導くポジティブな言葉づかいの実践の最初にあるのが、百川怜央流のアファメーションなのです。

「良くなるよ　わたし毎日　あらゆる面」

たしかに日常生活のなかで何か一つくらいは必ず良くなっているものが見つかりま

すし、その部分から派生的に良くなっていることに気がつくということもあります。このような思考の流れのポジティブな転換をもたらすのがセルフ・サジェスションの実践です。

②セルフ・サジェスションの限界

セルフ・サジェスションにも、当然に限界はあります。たとえば「空を飛びたいな」といったところで羽は生えてきません。人間は人間なのであって、セルフ・サジェスションに取り組んだからといって、突然、鳥に変身できたりするような類いのものではありません。セルフ・サジェスションは、物理的・身体的な変化を劇的にもたらすものではないのです。

月曜の朝、これから仕事なのに外はザーザー降りの雨。「雨降りヤダな」と雨がやむように念じたところで、雨はやみません。天候は自然現象ですので、人智で変えられるものではありませんね。

むしろセルフ・サジェスションがもたらすのは、物理的・身体的な限界を感じさせない行動力であるとか、「イヤな雨」を「恵みの雨」だと捉え直す気持ちの変化であり、その気づきです。

周囲から見ていて間違いなくネガティブな状況にある人が、ポジティブな行動や振る舞いへと変わり、あらゆることを改善に向かわせていく事態に遭遇したことはないでしょうか？

自分をそのように変化させて成長させていくのが、セルフ・サジェスションの実践なのです。

第5章　百川怜央のアファメーション

①翻訳について

日本におけるエミール・クーエのセルフ・サジェスションの翻訳本については、河野徹訳の『自己暗示』(法政大学出版局)と林陽訳の『暗示で心と体を癒しなさい！』(かんき出版)の二つを先に紹介させていただきました。

エミール・クーエのセルフ・サジェスションを英語で表現すると次のとおりです。

"Day by day, in every way, I'm getting better and better"

河野徹訳は学術論文の翻訳になっており、一般向けにはややかたい翻訳となっているので、当初、百川怜央ポジティブセミナーでは林陽訳から「わたしは毎日あらゆる面でますます良くなっていきます」とのアファメーションを紹介させていただいていました。

ただ、はじめのうちエミール・クーエの実践をわたし自身が行ったのですが、その内容は、英語の勉強との関連づけから右の英語表現を朝夕20回唱えるものでした。20回でおよそ40秒の実践だけ。林陽訳は20回でおよそ1分かかるので、なんとかこの40

秒の感覚に近づけることができないものかと考えていました。

②五・七・五のリズムでアファメーションを日本人になじみのあるものに

百川怜央第三作『ポジティブ思考になる10の法則』(セルバ出版)から第四作『ポジティブ勉強術』(セルバ出版)の出版までの1年間でこの課題に取り組み、考えついたのが現在の百川怜央流セルフ・サジェスションの実践です。

「良くなるよ　わたし毎日　あらゆる面」

第四作から皆さまにこのアファメーションを紹介し、五・七・五のリズムでよりセルフ・サジェスションの実践を取り組みやすいものにさせていただいています。

和歌や短歌、俳句のテンポからもなじみ深い五・七・五は、日本人に伝統的に身についた固有のリズム。まずは言葉づかいから前向きな自分を定着させてポジティブに自分を成長させていくためには、セルフ・サジェスションにこのリズムを活用しない手はないですね。

実際、ストップウォッチで20回のセルフ・サジェスションに取り組んで、何秒かかるか時間を計測してみましょう。わたし自身のペースで20回唱えてみたところ、おかげさまでジャスト40秒。英語表現を唱えるときとピッタリ同じテンポです。

第2部

百川怜央の実践と体験報告

わたしが、セルフ・サジェスションに取り組むようになったきっかけは…

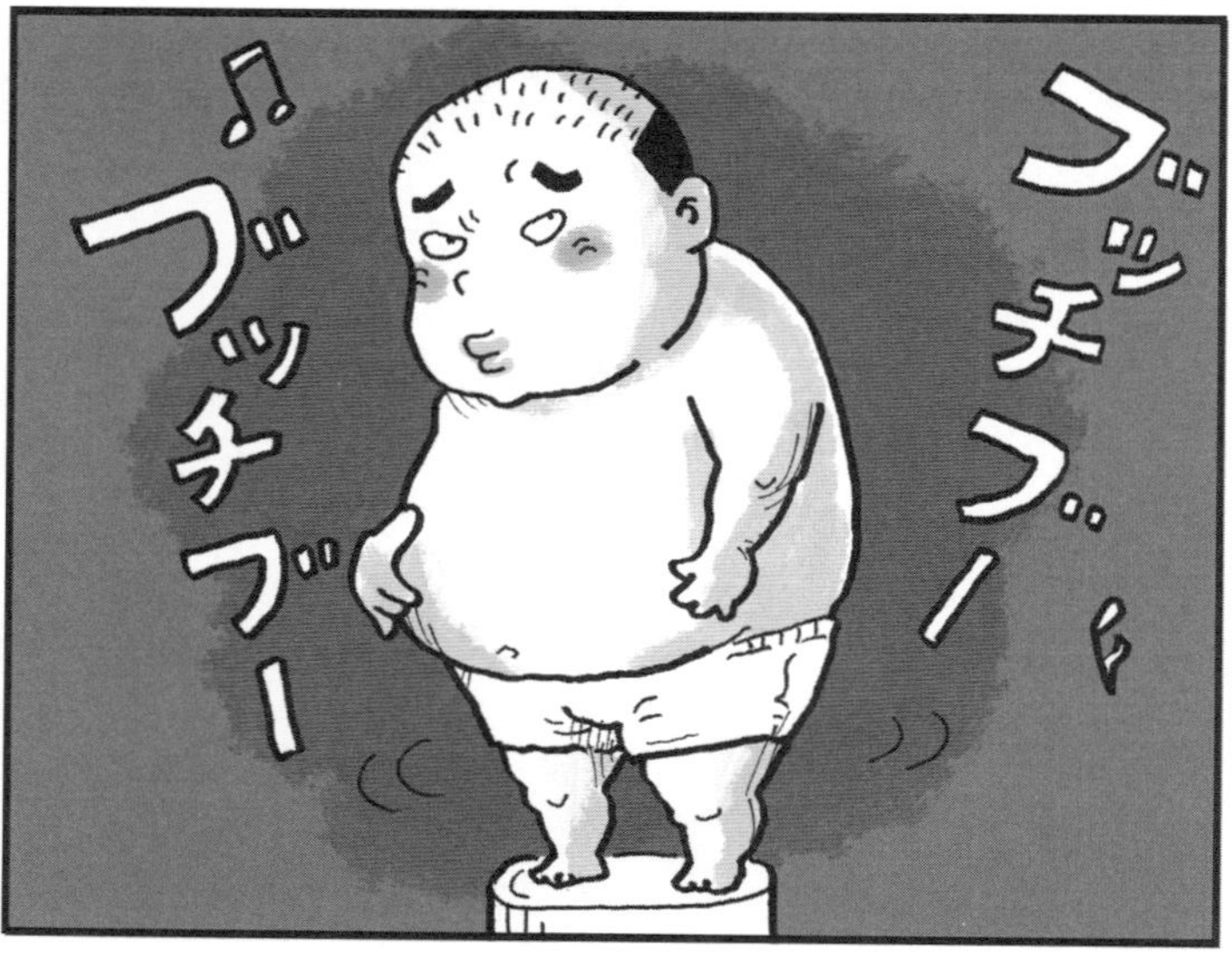
ブッチブー
ブッチブー

26キロダイエットの成功でした!
パ
パ
パパパ

序章　百川怜央のセルフ・サジェスション五年の成果

おかげさまで本書が出版される時期には、わたしのポジティブ思考の取り組みも五年に達しようとしています。

２０１２年１月の第一作『ポジティブ思考』（セルバ出版）出版以来、著作は本書で五作目に及び、２０１４年７月には本名で博士論文を出版させていただきました。

自分の行動を制限しようとする心のリミッターが完全に外れており、自分の余裕時間をできるだけ有効活用していこうとする行動が定着。この間に国際学会・国内主要学会での研究発表や学術誌への論文掲載を成し遂げ、さらに海外への訪問が増え、ヨーロッパではベルリン・フランクフルト・ミュンヘン・フィレンツェ・ボローニャ、そしてアテネ、アジアでは上海・シンガポール・香港・マカオ・台湾・マニラ・ホーチミン、そしてカンボジアのシェムリアップなどを視察することができました。

いろいろやっていると当然にいろんなことがあるもので、この機会にセルフ・サジェスションの実践から得られたわたし自身の経験を一度整理してみるのも、意味があることかもしれません。

第1章　ポジティブ思考への前段階

① 炭水化物の摂取量を意識して食生活の改善をはかる

「すべては健康のために」
セルフ・サジェスションをお勧めする理由は、この言葉に尽きているといってよいかもしれません。心身両面にわたる健康生活こそが、わたしたちの理想。おかげさまでこの理想を追求するのが、百川怜央サポートクラブのメンバーの基本姿勢となっています。

振り返ってみると、わたしがセルフ・サジェスションを意識するきっかけとなったのは、その前段階で自分の健康問題があったからです。身体の状態が良くなったので、心の状態も良くしようというのが根本動機です。

35歳ではじめて受けた人間ドックで肝機能の数値が非常に悪く、既に睡眠時無呼吸症候群で病院通いだったのに加えて、脂肪肝の薬をもらいに別の病院に通うことになりました。要は、若干肥満ぎみだったのです。

真剣にダイエットに取り組む必要を感じ、およそ1年間で91・7キロから65・7キロの26キロダイエットに成功。「実際にやってみるとできるものだな」との思いから、さらに加えて自分のメンタル状態の改善への姿勢が生まれてきました。

ダイエットに関心のある人も多いでしょうから、ここでわたしのダイエット法をご紹介したいと思います。

ダイエットに取り組むにあたって、わたしはスポーツクラブに通うことから始めました。自分を変えるには自力だけでは心許ないので、まずは環境づくり。そして適切なサポーターからのアドバイスを求めたのです。

活用したのはそのスポーツクラブのメタボ対策プログラム。運動を中心に、週一回のトレーナーのアドバイスと糖尿病食の食事。3ヵ月20万円ほどのプログラムですが、まずはお金をかけることで自分自身がダイエットに本気で取り組む決意が固まりました。

おかげさまでトレーナーがイケメンだったので、イケメン好きのわたしは大発奮。着実に体重を減らして1週間の成果をイケメントレーナーに報告するのが楽しみで、順調にダイエットに取り組むことができました。

このメタボ対策には6ヵ月取り組み、成果は91・7から65・7キロへと26キロ減。一気にスマートになりました。

さて、このプログラムに取り組んで学んだことは、ダイエットで重要なのは毎日の水分補給と食事の中身だということです。運動については、実際にスポーツクラブに通えたのが仕事の都合で週１、２回だけだったので、ダイエット効果が大きかったのはやはり口にするものだったのです。

水分補給については、毎日４リットルの水分を欠かさないこと。飲んではトイレ、飲んではトイレの循環で、体内の老廃物をどんどん排出していくイメージです。飲むのは本当に水だけ、ただの水。おかげさまで神戸は水環境が良くて、水道水でも十分美味しくいただけるのです。

食事の中身は、炭水化物の過剰摂取に注意すること。炭水化物は必要栄養素の一つですが、過剰になると肥満につながるので、適切な食事量を意識していくことです。

わたしの場合、まず毎日のラーメンをやめました。美味しい店が自宅周辺にたくさんあり、毎日欠かさずラーメンを夜に食べていたのです。それから、ごはんの量も意識的に減らしました。

問題は、いったいどうやって炭水化物の摂取量を減らしていくのかということです。

食事の量を減らすとお腹がすくので、食事の量は変えずに中身を変えていくのがポイントになります。わたしの場合、豆腐が好きなので、ついつい習慣的にラーメンやごはんを食べていた場面で豆腐を食べるようにしました。

豆腐は固形物のように見えますが、実は大豆で水を固めただけともいえる食材で、その構成要素の大半は水。だからどれだけ食べても太る要素にならないのです。

「ごはん一膳を、豆腐一丁に」「ラーメン一杯を、豆腐一丁に」

必要なのは、これだけです。もちろん100パーセント豆腐の食事に変えてしまうのは難しいでしょうから、まずは七対三程度の比率で豆腐食を増やしてみることです。

豆腐というのはひと工夫すると美味しく食べられる食材で、ちょっと何かと組み合わせると、飽きずにずっと食べられます。わたしはなめ茸とかキムチと合わせて豆腐をいただくのが大好きで、レトルト食品の丼の具などをごはんではなく豆腐にかけて食べたりもしています。

②自動車事故への対処の仕方

こんな経験談があります。それは、クルマの買い替え時のことです。セルフ・サジェスションの取り組みをはじめてまだ間もないころのこと、ふだんの言葉づかいを意識的にプラスのものだけにしはじめた時期でした。

トヨタのプリウスが発売されてハイブリット・カーの時代が日本に到来したのです。新しいモノ好きのわたしはさっそく新車のプリウスを購入する契約をディーラーと交わし、当時乗っていた軽自動車の下取りを依頼しました。

ところが、そのほんの数日後のこと。交差点の赤信号で信号待ちをしているわたしの軽自動車に、突然うしろから「ドスン」という衝撃。交差点で、俗にいうおカマされてしまったのです。

「あっ！　おカマされた！」と一瞬、頭に駆け抜けた思いとは裏腹に、ポジティブな言葉づかいの習慣づけに取り組んでいたわたしの口から最初に出た言葉は、

「これで良かった」

ちっとも良くないはずの状況下に、ポジティブな言葉が口をついてとび出したのでした。

すぐにクルマを降りて、後方の車内でアタフタしている相手の女性ドライバーに最初のひと言。

「大丈夫ですか？　おケガはありませんか？」

事故の加害者である相手の身を思いやる言葉が口からとび出して、自分でも驚きました。事故の加害者と被害者で、かけるべき言葉がまるでアベコベで当惑した表情を浮かべる女性。

「大丈夫です。ケガはありません」とのことだったので安心して詳しく話をうかがうと、はじめての訪問先がよくわからず、キョロキョロ脇見運転していたことによる追突とのことでした。双方ともにケガもなく、変な打ちどころもなかったので、ひとまずたしかに「これで良かった」ものの、ふと気がつくと問題はクルマの破損のほうで

す。下取り価格の見積もり時とは、明らかに違うへこみがわたしの軽自動車のおしりにできていました。

「これは下取り価格が変わってしまうかも」という考えが心に浮かぶ一方で、ポジティブな言葉づかいに誘導されて、「これで良かった」という気がつよくしたのです。

「これで大丈夫」な気がする一方で、「一応一般の自動車事故と同様にしておいたほうがよいかも」ということで、念のために連絡先を交換し警察にも一報。

買い替えのタイミングでの事故だと事情を話し、ディーラーが遠方だったので「何かあったときは保険会社を通じて」ということで女性と話をまとめ、その場でお別れしました。

帰り道の車内で「それにしても美しい女性だったな。20歳くらいだろうか」と一人ポジティブにつぶやき、記憶を美しいものに誘導します。

後日、ディーラーに軽自動車を見せたところ、「この程度なら、同じ価格で下取りますよ」とのこと。「あぁ、やっぱり大丈夫だった」。さっそく「大丈夫ですので、ご安心ください」と女性に電話を入れました。

実際、何ごとも「大丈夫」に展開するように導かれていくのがセルフ・サジェスションの効果の一つです。トラブルがトラブルにならず一般に不幸な事態が発生しても解決の方向に向かうのです。

③リボ払いやカードローンなどの借金生活からの脱却をはかる

お金にマイナスをかかえていると、メンタル状態もマイナスになるのは自然なことです。ですから金銭面の不安を解消することは、そのままメンタル状態の改善にもつながります。しだい次第にローンが減っていく実感をつかんでいくのも、自分自身をポジティブに転じていくには重要ですね。

生活の上で必要となった住宅ローンやカーローン、勉強の上で必要となった奨学金や教育ローンなど、お世話になったお金の返済がわたしたちには必要です。これに加えてクレジットカードのリボ払いやカードローンまでかかえていたりすると、「ネガティブになるな」というほうがむしろムリでしょう。

お金に困っている人は、周囲から見ていてもわかるほどネガティブになりがちです。セルフ・サジェスションに取り組む前段階のわたしは、ほとんどこれと変わらない状況でしたので、まずはリボ払いとカードローンの見直しから取り組みました。

当時のわたしはカードの使用に全く抵抗がなかったので、クレジットカードもたくさんもっていましたし、カードローンのものも複数枚もっていました。

こうなってくると、自分はどこにどれだけの負債があって、解消する必要があるマイナスがどれだけなのか、はっきりしないほど、金銭的に病んだ状態です。

わたしの場合、少し時間をとって、エクセルの表計算シートに負債データをすべて打ち込んでみることからスタートしました。解消可能なマイナスから一つ一つつぶしていくと、次第に改善への方途がはっきりしていきました。

現在のわたしの原則は、カードローンのカードは持たないようにし、クレジットカードは支払い残額が把握できる2枚の保有までにとどめてリボ払いは利用しないこと。ここまでの改善のために必要な期間は、実際には当初の計算で必要と思われた返済期間の半分で済んだのです。

まずは現実を認識して、そこから理想の経済状況に近づけるために、セルフ・サジェスションを活用して意識を良い方向に向けていくことで、現在は人並みに貯蓄のあるトータルでポジティブな経済状況が実現。借金といっても奨学金などは活用次第ではポジティブだと考えられます。人生設計も含めて、トータルでポジティブに経済状況が向かう意識づくりが大切です。

④ダイエットでスマートになったことがセルフ・サジェスションに取り組むきっかけに

実際、一つが変わると、すべてが変わりはじめます。

ネガティブな受け止めかたが根本的に変化して、前向きな姿勢が芽生えたきっかけは、26キロダイエットの成功にあるといえるでしょう。

何ごとも継続してチャレンジしていくと何とかなるもので、何でもよいのでその成功体験をまずは一つつかんでみることです。ひとまず達成可能な何かをイメージして、一定の期間を設定してそれにチャレンジしてみましょう。

ダイエットの場合でいうと、わたしはまず自分のベスト体重の時期をイメージしてみました。それは大学一年のころだったので、そのころの自分の質素な生活ぶりなどをイメージしてみました。

自分にとって良かった時期というものは誰にもあるもので、そのイメージから現在の状態を見直して調整してみるだけのことです。その改善に弾みをつけるのが、セルフ・サジェスションの実践で、自分を蘇生させる試みだともいえるでしょう。

当時、こんな
友人がいました…
よぉハゲ、
相変わらず
薄いな！
おぅ！
ブチッ
うわっ

なんで
あんなヤツと
つき合っているんだろう…？
よおっ
ハゲ！

①髪の毛をむしる悪友と縁を切る

人は縁に触れて、良い方向にも悪い方向にも向かうものです。セルフ・サジェスションも実際、良い方向にも悪い方向にもかけることが可能なので、もしかすると、ネガティブな思考に偏りがちな時期には悪い方向に自分の思い込みを形成していたのかもしれません。

そう思うのは、セルフ・サジェスションの実践に本格的に取り組むきっかけを得たダイエットの時期に、一人の悪友との縁を切っている事実があるからです。

当時、わたしは頭を丸刈りにしていました。もともと薄毛だったうえに、父親が若い30代前半の時期からハゲ頭でもあったことから、自分自身も頭髪にコンプレックスがありました。「たぶん僕もハゲるだろう」と幼少期より思っていたので、30代に入ってからは丸刈りにしていたのです。

たしかに、それも丸刈りだった理由の一つです。ただ実は、別の理由もあるのです。それが、当時つき合いの深かった悪友の存在でした。当時のわたしは活動範囲が限られていて、遊び相手というとほとんど彼だけだったのです。

高校時代からの非常に親しい関係だったので、とくに20代から30代にかけて本当によく遊んでいました。男の遊びというと、いわゆる「のむ、うつ、かう」の三つです。このすべてを、わたしはこの友人から教えていただきました。

さて、この友人が困ったことに、会うたびごとにわたしの髪の毛をむしるのです。彼は自分自身、剛毛の持ち主なので、よくわたしの薄毛と比較して自慢をするのです。「おい、ハゲ」、出会ったときにはこうに言いながら、わたしの薄毛の前髪から引っこ抜くのです。それでなくても薄毛なので、わずかな資源です。わたしの髪の毛は、引っこ抜かれたら困ります。彼のこの振る舞いが、わたしが丸刈りにしていた大きな理由でした。

いまから思うと、なんでこんなことをされてまで親しくつき合っていたのかまったくもって謎です。ただ、当時の自分としては、唯一無二の親友のように思っていたのです。自分の世界が狭いというか、わたし自身の行動範囲の問題というか、こういうケースの場合、自分にも何らかの問題があるものです。

その後、彼が結婚し疎遠になりはじめたタイミングで、この悪友とはバッサリ縁を切らせていただきました。ポジティブな自分への変化のためには、自分がネガティブに思えてしようがないものとは、完全に縁を切る決断をする必要があります。

セルフ・サジェスションに取り組んで自分をポジティブに変化さていくためには、自分の周辺を取り巻くネガティブな要素を一旦排除していくこともまた必要なのです。

セルフ・サジェスション自体は、ポジティブにもネガティブにもかけることができるので、ポジティブな自分を実現しようと思うと、ポジティブな情報のインプットとアウトプットの両面からの実践が大切です。

セルフ・サジェスションの実践からポジティブなアウトプットに取り組んでいたわたしは、この実践に誘導されて、ネガティブな情報のインプットと、日常空間からのネガティブな要素の排除に決然と取り組むことのできる自分へと変化し成長することに成功していたのでしょう。

驚くべきことは、悪友とのつき合いを断って「もしかして髪の毛、生えてくるかも」と思いはじめ、丸刈りをやめて育毛養毛に取り組みはじめたわたしの髪の毛が、実際一年ほどで生えそろってきたことです。

これには本当に驚きました。「生える生えると思って、いろいろやっていると実際に生えてくるものだなあ」というのが、率直な感想です。

ダイエットに取り組んだ一年ほどの期間。このセルフ・サジェスションへの準備期間と、育毛養毛に取り組んだ一年ほどのセルフ・サジェスションで本来の自分へと蘇生しゆく期間。この期間で自分を前向きに物事に取り組む姿勢の人間へと変化させ、その姿勢の定着と習慣化に成功したわけです。

日常生活のなかで、周囲から「ムリだ」と思い込まされていることがあるかもしれない。「もしかしたら、あれもこれも本当は簡単にできるんじゃないだろうか」と、悪い縁を切ることで、この気づきがわたしに芽生えはじめたのです。

② 良いご縁を大事にし、多方面に広くプラスの情報交換を行える友人をつくる

「そんなの、ムリムリ」と、ネガティブな発言で自分の行動にリミッターをかけてくる人を周囲に近づけるよりも、「できる、できる」「なんとかなるよ」と、ポジティブな発言で自分の行動を促進してくれるサポーターを周囲に置くほうが、物事をどんどん進めていく上でプラスに働くのは当然のことです。

セルフ・サジェスションに取り組みはじめて、友人や職場の同僚にネガティブな情報を自分に下ろしてくるのをやめてくれるようお願いしました。とくに人間関係に関わるネガティブ情報は、多くの場合、単に憶測だけに基づいたものであったり、根拠のない想像や印象に基づいただけのものであったりするので、まったく必要ないと伝えて完全にシャットダウンしていきました。

友人関係でも職場でも、本当に伝える必要のあるネガティブ情報は、ネガティブ担当の人がちゃんといて、その人が漏れなく伝えてくれるものです。ふだんつき合いの楽しい人間関係のなかに、そんなネガティブ情報は取り入れる必要はありませんし、本当に伝達する必要があるネガティブ情報というのはごく稀なものです。

前向きで自分にプラスになる情報を、相互に交換することのできる友人とのつき合いを大切にすること。たしかにネガティブな情報が必要な場合もあるでしょう。

しかし、わたしの実感からいって七対三くらいのポジティブ対ネガティブの比率で

情報が入ってくるのがちょうど良いのであって、トータルでポジティブにおつき合いできるご縁を大事にすることで、自分自身の活動が前向きに展開していくのです。

そのためにも必要なのは、自分で決めつけてつき合いを限定的にしてしまうのではなく、まずは多方面に活躍する方々のなかにとび込んで、広くプラスとなる情報を取り入れてみることです。すると、本物と偽物とを見分ける目も、そのなかから学びとることができるのものです。

守りの姿勢から人間関係を限定して、経験的に未熟にとどまることで安心を得ようとすると見えてこないものがあるのです。たとえば、一見ネガティブだが実はプラスの情報だとか、一見ポジティブだがマイナスの情報だとか、情報を判別する真偽眼を養っていくことができるようになるのです。

実際、わたしの処女作『ポジティブ思考』（セルバ出版）は、２０１１年の一年間のこうしたポジティブ情報への意識づけから生まれた著作です。

それまでは全然読む機会をつくってこなかった一般向けの自己啓発や心理学の本などを勉強し、日常生活のなかで触れるさまざまな場面や出来事をとことんポジティブに解釈してしまう試みの成果です。

おかげさまでセルフ・サジェスションは、ポジティブにもネガティブにもかかるもの。「いっそ、松岡修造さん並みにポジティブ思考の人間に、自分に暗示をかけることも可能かもしれないぞ」「こういうときは、ちょっとやりすぎぐらいがちょうどいいもの」という思いから、自分のブログの記載内容を全面的にリニューアルして公開しはじめたのが処女作出版のきっかけとなりました。

たまたま、三宮ジュンク堂書店で開催の、ベストセラー作家クロイワ・ショウさんのセミナーに参加したのもこの２０１１年の出来事でした。

クロイワ・ショウさんの『出稼げば大富豪』は、２０１５年正月公開の映画「神さまはバリにいる」の原案となった本です。

多くの一般書を読むなかで、実家近くのツタヤ太子店でこの本と出会ったわたしは、一度このクロイワ・ショウさんの活動を参考にさせていただこうと、申し込んで三宮のジュンク堂書店に行ってみたわけです。

それまでの自分だと、自分で自分にリミッターをかけて、絶対に作家のセミナーになんて行かない人間でした。ただ、この時期のわたしは、とことん自分のこれまでのリミッターを外してみる試みに挑戦中。「いま書いている自分のポジティブブログを、いっそ出版してみる勢いくらい必要だぞ」と、ポジティブ情報のアウトプットにも積極的だったのです。

さらにいうと、クロイワ・ショウさんの『出稼げば大富豪』がとても面白かったので、おかげさまで一度この本を書いた人に会ってみるのも良いかもしれないという気持ちになったのです。

ドイツ哲学が専門のわたしは
ある日、こう思いました…

そうだ!!
ヘーゲルのお墓参りに行こう!
がばっ

ビューーン
初めての一人海外旅行、
目的の場所がどこにあるのか
何も知らないのに…
わくわく！
リミッターの
はずれたヤツは
恐ろしい……

③ドイツ・ベルリンへの海外単独旅行にチャレンジする

セルフ・サジェスションの実践から、次第に何でもチャレンジして「できる、できる」という意識に変化していくわたし。２０１１年の夏には、はじめての海外一人旅に挑戦しました。

仕事では旅行社の添乗員つき添いのもと、何度か海外に行ったことはすでにありました。ただ、海外単独旅行は未経験。いつも添乗員さんに任せっきりの諸手続きなど、自分一人でできるかまったく未知の領域でしたが、「できる、できる」の意識で、海外の憧れの地に自分だけで行くことだってできるはずと思ったわけです。

わたしの憧れの地というと、ドイツ・ベルリン。ドイツ哲学の研究が大学・大学院でのわたしの専門分野なので、一度ベルリンのドローテン墓地にあるというドイツ観念論の著名な哲学者、フィヒテとヘーゲルのお墓参りがしたかったのです。

パスポートこそ手持ちであるものの、航空券の手配から空港での入出国の手続きや、現地での宿泊先の手配など、はじめての経験というのは何かと不安になるもの。ネガティブ思考のころだと怖くて、とてもできなかったかもしれません。

このとき、ポジティブ思考の実践から、わたしが考えたのが「ありがとう」でどれだけやれるかということでした。

英語だと「サンキュー」

ドイツ語だと「ダンケシェーン」

「ひょっとすると、これだけで海外旅行も行けてしまうんじゃないか」

ポジティブに思考が誘導されているので、本当にこんな感覚で旅行に出発しちゃいました。

実際、パスコントロールにしても何にしても、「サンキュー」とか「ダンケシェーン」ということで、旅先で出会う皆さんから返ってくるのはスマイルばかり。コミュニケーション能力が不安でも、感謝の思いはじゅうぶんに伝えることができるんですね。

ベルリンに旅立つにあたって、実は一つわからないことがありました。

それは、肝心の訪問目標のドローテン墓地がベルリン市内のどのあたりにあるのか、事前に判明していなかったのです。

手持ちの哲学の研究書を調べても、住所など一切書いてないのです。

旅のプロセスのなかで、次第にセルフ・サジェスションの実践に基づいたポジティブ思考の取り組みを深めていったわたしは、「大丈夫だいじょうぶ」「なんとかなるさ」と現地での問題解決に自信を深めていきました。

この場合、問題解決に向けて、ちゃんと根拠があるかどうかなんて関係ありません。根拠なき自信こそが、本当の自信なんです。自分はなんとか解決できるはずだという思いが、旅の前進を実現するのです。

ベルリンに到着して、訪問先の一つだった森鷗外記念館を訪れたときのこと。
受付フロントの女性が、なんと日本人ではないですか。

いろいろとお話をしてみると、日本からフンボルト大学ベルリンへの留学生ということで、この受付はアルバイトでやっているとのこと。ベルリンにはもう八年も滞在しているらしく、いろいろとベルリン事情に詳しい様子でした。

「もしかして、これはチャンスじゃないのか」

ポジティブ思考が習慣づいているので、なんでも自分に都合良く考えることができるのです。

「実はドローテン墓地の場所がわからなくて、教えてもらえると助かるんだけど」

素直にサポートをお願いしてみたところ、「うーん」と彼女は考えながらも、すぐにこう返してくれました。

「わたしもドローテン墓地自体は知りませんねえ。ただ、もしかするとすぐに調べられるかも」こう言って、受付フロントの奥にあるパソコンに向かいました。

「グーグルマップで調べると、出てくるかも。いつもこれで調べてるので」と、パソコンを立ち上げてくれました。

「ドローテンのつづりはわかりますか？」

「大丈夫だいじょうぶ、わかるわかる」「たしかこんなつづりだったな」と打ち込んでみたところ、すぐに出てきたじゃないですか、ドローテン墓地。なんと森鴎外記念館から、わずか徒歩15分の近距離でした。

"Day by day, in every way, I'm getting better and better."

エミール・クーエのアファメーションの英訳を、ぶつぶつ唱えながらベルリンでの旅を楽しんでいたところ、こんな調子であらゆることがスイスイと運んでいきました。ありがたいことです。

「こうすると、より良くなるぞ」

こういうポジティブな前向きの気づきが頻繁に頭に浮かんできて、ベルリン旅行全体も当初のスケジュール以上の成果が得られました。

セルフ・サジェスションの実践をはじめて約半年後だったので、このとき「このエミール・クーエの実践は、継続していく価値があるぞ」との確信をつかませていただきました。

たしか、英語とドイツ語の語学学習を本格的に再開するきっかけをつかみはじめたのもこの直前の時期で、兵庫県たつの市のドイツ語サークル・カトーフェルンの皆さまにお世話になりはじめたのもこの年のことでした。

ベルリン一人旅以来、ヨーロッパでは、まずドイツ。フランクフルトを訪問してマインツからのライン川下りを楽しみ、ロマンティック街道をめぐってノイシュヴァンシュタイン城を見学し、ミュンヘンにも訪問しました。

イタリアでは、フィレンツェとボローニャを訪問し、そしてギリシャには経済破綻前の落ち着いたタイミングで旅行することができました。アテネからエーゲ海クルーズを楽しみ、サントリーニの素晴らしい景色は今でも脳裏に焼き付いています。

アジアでは、上海・シンガポール・香港・マカオ・台湾・マニラ・ホーチミン、そしてカンボジアのシェムリアップなどを視察させていただきました。

「なんとかなるさ」

セルフ・サジェスションの実践に取り組んでいると、一つ一つが本当になんとかなっていき、驚くほどスイスイと物事が運んでいったのです。

④何もできない状態から臆することなく語学のレッスンに参加してみる

振り返って、ポジティブ思考への前段階からポジティブ思考への変化へと移行するこの時期に、自分の活動に大きく影響しているのは語学学習に向かう姿勢がきっちりと形成されてきたことでした。

たまたま、三宮のマルイ前の掲示板で、六甲で語学教室を経営しているドイツ人のチラシを発見し、この六甲の語学教室にクルマで片道一時間あまりかかるにも関わらず、わざわざ通いはじめたのです。

彼はハノーファー出身のドイツ人で、英語教室としてこの語学学校を経営していたのですが、ドイツ人なのでドイツ語も指導できるとのことでした。

「ドイツ語、もういっぺんやってみるのも良いかも」

ドイツ哲学が専門なので読むほうは比較的やっているのですが、ドイツ語会話となるとさっぱりだったので、むしろ新しいことに取り組みはじめるような感覚でドイツ語会話にチャレンジしはじめたのです。

ドイツ語サークル・カトーフェルン（ドイツ語で「じゃがいも」）に参加したのもこの延長で、「どうすると、自分がより良く変化し成長できるだろうか」を追求しはじめる姿勢になっていったのです。

カトーフェルンは、たつの市の町家を改装したオシャレなカフェ・ガレリアで月一で開催されるムリのないサークルで、「よし、もう一度」のきっかけには本当にちょうど良い機会をいただけたと思います。

参加者も多彩で、ドイツに縁のある人が、たつの市近郊だけでもこんなにいらっしゃるのかと意外に思ったものです。誰でも、最初は未熟者。なんでも関心があるなら参加すると良いもので、必要なのは「これからできるようになりますよ」という前向きな姿勢だけです。

六甲のドイツ語教室は経営者のドイツ人がポジティブな人で、日本の次はラオスに興味が湧いてきたとのことで一年ほどだけお世話になりました。彼とは徳島の阿波踊りもご一緒するなど、忘れられない思い出がいっぱいです。

彼から学んだのは、何もない状態から外国での生活に跳び込んでも、自分の能力を最大限に活かして前向きにいろいろ取り組むと、何でもなんとかなっちゃうということです。ある大企業の語学スタッフの一員として来日した彼は、六甲の語学教室の経営もそのスタッフ契約終了後の生活の必要からだったそうですから……。

その語学学校の経営権を別の外国人（たしかフランス人）に譲渡する仕方でお金を工面し、ラオスにわたっていく彼の様子を端から見ながら、「ほんとうにリミッター無いよなあ」と思いながら感心しきりでした。

わたしにとって、国境を跨いで活動的に動き回る人との出会いはドイツ語の学習の流れのなかで生まれてきたもので、カトーフェルンでも、仕事や勉強や修行でドイツに何年も暮らしたことのある人との出会いがありました。

たとえばソーセージやハムつくりとか、靴職人の修行とかでドイツにわたったことのある人がカトーフェルンにはいらっしゃって、なかには国内最高レベルの技術で有名な方などが、この日本の地方の語学サークルにいらっしゃったりするわけです。

自分が究めてみようとイメージすることが何か一つだけでもあると、リミッターが外れて国境さえ超えていく人々の前向きな姿勢を、ドイツ語という一言語の学習をきっかけに学ばせていただいたわけです。おかげさまで、わたしもどんどんリミッターが外れていきました。

こういった場合の語学サークルや語学学校への参加でも、一つ一つの敷居が高く感じる人がいるかもしれません。

セルフ・サジェスションの実践では、言語による意識づけや動機づけを重視しますので、この場合でも言葉づかいによって自分の参加意識を前向きなほうへと誘導していきます。

たとえば、「あんな美女やイケメンの集まるサークルに参加できるなんて本当に楽しみだ」とまず発言してしまうのです。この場合、現実に「美女やイケメンのサークル」であるかどうかは問題ではありません（もちろん、カトーフェルンは美女とイケメンばかりのサークルですよ）。

大切なのは、そのように断言してしまうことによって、意識がその方向に向かって本当にそのように見えてくるということです。

セルフ・サジェスションを実践して気がつきはじめるのは、言語がもつ強烈な思考誘導パワーで、自分が発言したように物事が見えるフレームが次第しだいに形成されていく事実です。

価値観というのは解釈なので、事実をどのように評価しているかということや何を真実だと思っているのかということもみな、自分自身の価値判断の評価にすぎないということを、この時期にだんだんと気がつきはじめたのです。

大学時代にドイツ哲学のなかでも「現象学」や「解釈学」の系譜に関心を持ち、卒業論文をまとめた経験があったので、先入観と偏見が価値判断に与える強力な影響力については理解があったはずですので、気がつきはじめたというよりも、思い出しはじめたというほうが適切かもしれません。

ただ、この価値判断の部分のなかで自分自身の日常語が果たしている決定的な役割について、自分自身の実体験として実感するにいたる経験が、社会に実際に出ていろいろと体験するなかで、よりいっそう自覚を高めたということができるかもしれません。

ドイツ語学習への積極的取り組みからサークル参加、そしてドイツ・ベルリン単独旅行と、この夏の一連のポジティブな行動があとから自分のセルフ・サジェスションの実践継続の根拠となって、処女作出版へといたるさらなる展開へと導いていったのです。

第3章　ポジティブ思考の定着

大学院まで行ったわたしは、
貸与奨学金に加えて……
必勝

カードローンにも手を出し
卒業時には1千万円の
借金がありました……
1000万
借金

ローンはさらに増え……
借金

このままでは…
人生破滅かも！

セルフ・サジェスション
に出会ったのは、
そんな時期でした……

① 英語の勉強に再チャレンジする

ドイツ語の学習習慣が定着するにつれて、加えて英語の学習意欲が高まりはじめました。ポジティブ思考への変化期に思い切ってチャレンジしたドイツ語検定2級に合格できたことで、「もしかすると英検2級も、簡単にゲットできるかもしれない」との思いが心に湧いてきたからです。

英検についてはとくに面接に苦手意識が根づよくあり、中学時代に3級の面接に不合格、さらに大学時代にも2級の面接に不合格と、ペーパー試験は難なくこなすにもかかわらず、面接ではまるでダメという思い込みが形成されていました。

セルフ・サジェスションの効果で何ごとにも前向きに取り組む姿勢が定着してきたわたしは、ドイツ語サークルへの参加と同時期にカルチャーセンターの英会話クラスの受講もはじめてみたのでした。

驚いたのは、カルチャーセンターの英会話クラスが少人数で展開していて（たぶんネイティブの授業ということで都市部とは逆に参加希望が少なくなっているのかも）、安価ながらコストパフォーマンスの高い授業になっていたことでした。

参加者は大学生、主婦、サラリーマンと多彩で、それぞれの英会話レベルも英検2級の面接をクリアするのを目指すわたしにとってちょうどよい水準だったので、楽しく週一回のレッスンに参加させていただきました。

偶然にもレッスンの参加者のなかに、小学校のときのわたしを知る学校の先生がいらっしゃり、わたしの本名は結構インパクトがある名前のようで「お名前おぼえていますよ」とのことで、結構なつかしいお話で盛り上がったりしました。

何ごとにも前向きにチャレンジしていると、そこからさらに派生的にいろいろと面白いことが持ち上がってくることもあり、日常生活のなかに楽しみがどんどんと増えていくものです。

姫路にこんな良いお店があるんだとか、意外と国際都市の側面があることに気がついたり、さまざまな地域振興イベントに気がついたりと、ちょうど姫路城が改装に入り、姫路駅がリニューアルされていく時期と被っていて、新しい何かに向かう息吹きを感じさせる時期でした。

語学の学習に取り組むときは、早期に成果を上げることに気を取られると、なかなかうまくいかないことが多く、結局中途で挫折するケースが多いものです。

「おかげさまで、楽しみが長続きしますよ」

こんな言葉をつかって、語学の勉強を楽しみながら長くつづけていくのが、一つ一つ着実に成果を上げていく秘訣になるかもしれません。

語学の勉強で成果を上げようとする場合、わたしだと、だいたい一年半くらいのスパンで見通しを立てています。最初から長く楽しむ前提で、英検2級をゲットするのも長期計画で取り組み、面接への苦手意識を克服するなかで成功することができました。

目標に一年半かかるつもりではじめても、たいてい期間は少し短くなって、実際は一年あまりで達成できてしまうものです。とくに英語については高校時代に偏差値50に届かなかった1年最後の河合塾全統模試を、3年夏前の模試で偏差値70以上にもっていくのに一年あまりかかったのです。この経験が自分のなかで生きていて、これが語学学習にかかる期間の一つの基準になっています。

②自動車を手放して公共交通機関を利用し、日常的な運動の機会を増やす

さて、セルフ・サジェスションの実践でポジティブ思考が定着しはじめたわたしは、2012年1月の処女作『ポジティブ思考』の発刊に向けて、気分新たに2011年末に実家から六甲へ転居しました。

実家でじゅうぶんに鋭気を養い、当時はまだ六甲のドイツ語学校での学習を継続していたので、思い切って住み心地が良さそうな六甲に引っ越したのです。転居先は阪急六甲駅から徒歩三分ほどのマンションだったので、交通至便。神戸大学にも近く、おかげさまで勉強する環境がどんどん良くなっていきました。

実家から職場へはトヨタ・プリウスで通勤していましたが、維持費も結構かかるの

で、このタイミングで自動車は手放すことにしました。都市部では駐車場など料金が高く、むしろ公共の交通機関を利用するほうが賢明であるとの判断です。

公共の交通機関を利用するようになると、自ずと歩く時間が増えます。食生活にだけ気をつけていても、知らず知らずのうちにふだんのちょっとした運動の機会が増えているので、体調やスタイルが自然と維持されます。

自動車をもつ生活をするかしないかというのは、家計に与える影響が非常に大きく、「クルマを手放すだけで、こんなにも経済的にゆとりがでるものなのか」との実感を得ることができました。都市部で生活する場合は、何らかの必要がないかぎり、自動車を所有するメリットはあまりないのではないでしょうか。

これは六甲から新神戸に転居した際にも同様で、「新神戸もクルマは必要ないかも」と、公共の交通機関をいろいろ調べてみました。

すると自ずと気がつくのは、都市部における日本の公共交通機関のサービスの充実ぶりで、本当に全然困らないわけです。市内の近距離移動は自家用車並みのスピードでじゅうぶんに動けるんじゃないという思いがしてきます。

とくに転居した新神戸は、新幹線、市バス、地下鉄と充実した公共交通機関の発達ぶりで、神戸市内全域に容易にアクセスできます。六甲のドイツ語教室の代わりについても、王子公園のドイツ語教室と三宮の国際会館内の神戸日独協会とがすぐに見つかり、都市部は便利だなと感じました。

公共交通機関を移動に利用するメリットはいろいろとあり、自動車で移動していると気がつかなかったようなことが、街中にはあふれていることに気がつきます。自動車での移動だとカーナビに移動先を登録して運転するだけで、道中に目にする広告などもカーユーザーを顧客対象にしたものに限られてくるので、非常に限定的な世界に生きていたことに気がつくのです。

自動車での移動だと、目と耳、手と足のそれぞれを運転に集中するためにとられてしまうので、移動時の時間を活用して語学の勉強を進めようとしても、一定の制限が加わってしまいます。

カーオーディオで英語のリスニングをするという人もなかにはいらっしゃるでしょう。ただ、運転時の安全面を考えると、車外の音の変化にも気をつける必要があるので、やはりどうだろうかと思います。

その点、バスや電車の移動だと耳だけでなく両手も学習に使える状態になるので、非常に有効だと思います。

③セルフ・サジェスションとお金

セルフ・サジェスションの実践をすることで、経済面での余裕がしだい次第に実現していきます。わたしは大学院博士課程を修了して新卒で就職しましたので、社会に出たのが20代から30代へのちょうどはざまの時期でした。

わたしの大学卒業時期はいわゆる就職氷河期のど真ん中で、非常に厳しい時期でした。もともと大卒では就職せずに大学院への進学を希望していたので、修士課程・博士課程と専門分野の研究を進めていくことに迷いはありませんでした。

ただ、たしかに経済面での将来の不安はありました。両親からは「親からの経済援助は期待しないように」と念を押されての大学院進学でしたので、奨学金とアルバイトで自活する必要があったのです。おかげさまで日本育英会（現・日本学生支援機構）の奨学金も、高校・大学・大学院修士・大学院博士とフルで活用させていただきました。

結果、日本育英会だけで800万円の貸与。博士論文完成までの博士課程に六年在籍したこともあって、いろいろと金策に励む必要に迫られました。

こういう事情から当時カードローンに手を出し、就職の時点で2社合わせて150万円ほどの残債をかかえていました。また、就職にあたっては通勤用に中古車を50万円のカーローンで購入したこともあり、ざっと計算して1000万円の借金をかかえての社会人スタートとなったのです。

さて、この段階で、すでに経済面では相当ネガティブです。このマイナスが就職後しだいに「毎日どんどん良くなっていく」と解消していくと良いわけですが、いったん借金するクセがついてしまうと、これがなかなか解消されないのです。

具体的にはカードローンやクレジットカードのリボ払い残高が減るどころか、ますます増えていきました。残債が増すにしたがって気持ちはどんどん追い込まれていき、非常にネガティブなメンタル状況に追い込まれていきます。

わたしは、世間でイライラして情緒不安定な人を見かけるたびに、最初に思うのが「あぁ、借金があるのかなあ」ということです。それは他ならぬ自分自身が当時そうだったからというのがあって、やはり経済的不安がメンタル面に与える影響は多大なものがあると思うのです。

カードローンやリボ払いの残債が就職時の150万円からさらに増え、およそ二倍の300万円近くに達しようとしていたころと、わたしのセルフ・サジェスションの実践開始時期は重なってきます。

「このままいくと、経済的に破綻して人生破滅するかもしれない」

世間では、だいたい300万円の個人負債で自己破産にいたるケースが多いようで、わたし自身もこの時期、本気で自分を変える必要があったのです。たしかに、それまで専門分野との関連から哲学や宗教の本は結構読んでいました。しかし、自己啓発の本などてまるで読んでいませんでした。当時の感覚でいうと、自己啓発はネガティブですから。

ただ、新しい何かが必要でした。自分を変えて成長させていくための新しい刺激となるものがです。自己啓発の本をいろいろと読み進めてみて、「何か学術面でも、こういった自己啓発の理論の根拠となるものがありそうだぞ」と思い、行き着いたのがエミール・クーエのセルフ・サジェスションだったのです。

それは、わたしにとって古くて新しいものとの出会いでした。セルフ・サジェスションとは、「言語による意識的誘導自己暗示」です。言葉の問題への関心というのは、自分の思索の原点ともいうべきもので、とくに先入観や偏見からくる解釈をめぐる問題については自分の卒論のテーマだったのです。

「もしかすると、お金が手元に残らないのが体質化しているのかも」

自分がお金に対してどういう姿勢で臨んでいるのかということ。お金をめぐる自分の考え方や言葉の使い方を一度振り返ってみるのは、自分のお金に対する体質を分析してみる上で非常に意味があります。

お金が自分から逃げていくということは、たぶん自分がお金のことを大事に思っていないからでしょう。いいかえると、お金よりも大切なものが自分の周囲にたくさんあって、そのためにお金をどんどん使っているから、お金が手元から離れていくのです。考えてみると、これは当然の論理です。

「一度思い切って、お金のほうを全面肯定する発言ばかりに切り替えてみると、自分のお金をめぐる習慣はどうなるだろうか」

この発想の転換から、自分のお金に向き合う姿勢を変化させはじめました。

皆さんは心の奥底で、お金に対して何かネガティブな感情を抱いてしまっていませんか？

お金に対して肯定的に発言することが、どこかイヤらしい、悪いことでもあるかのような思い込みができあがってしまっていませんか？

このような心の側面が自分自身のなかにあることに、お金に対して肯定的な発言をしはじめると気がつきます。

「あぁ、お金のことをもっと愛してあげる必要があるのかも」

支払いにできるだけカードを使うのを避けて、ふだんから極力現金を持ち歩くようにしはじめたのはこのことに気がついてからでした。

カラでも平気だった財布のなかに一万円をちゃんと入れて、「今日もリッチ、ルンルン」とつぶやいてみるのです。現金に直に触れる機会を多くもつようにし、失いかけていたキャッシュの感覚を取り戻す必要があったのです。

ローン地獄から
抜け出すために…
わたしが、毎日言う
ことにした二つの言葉

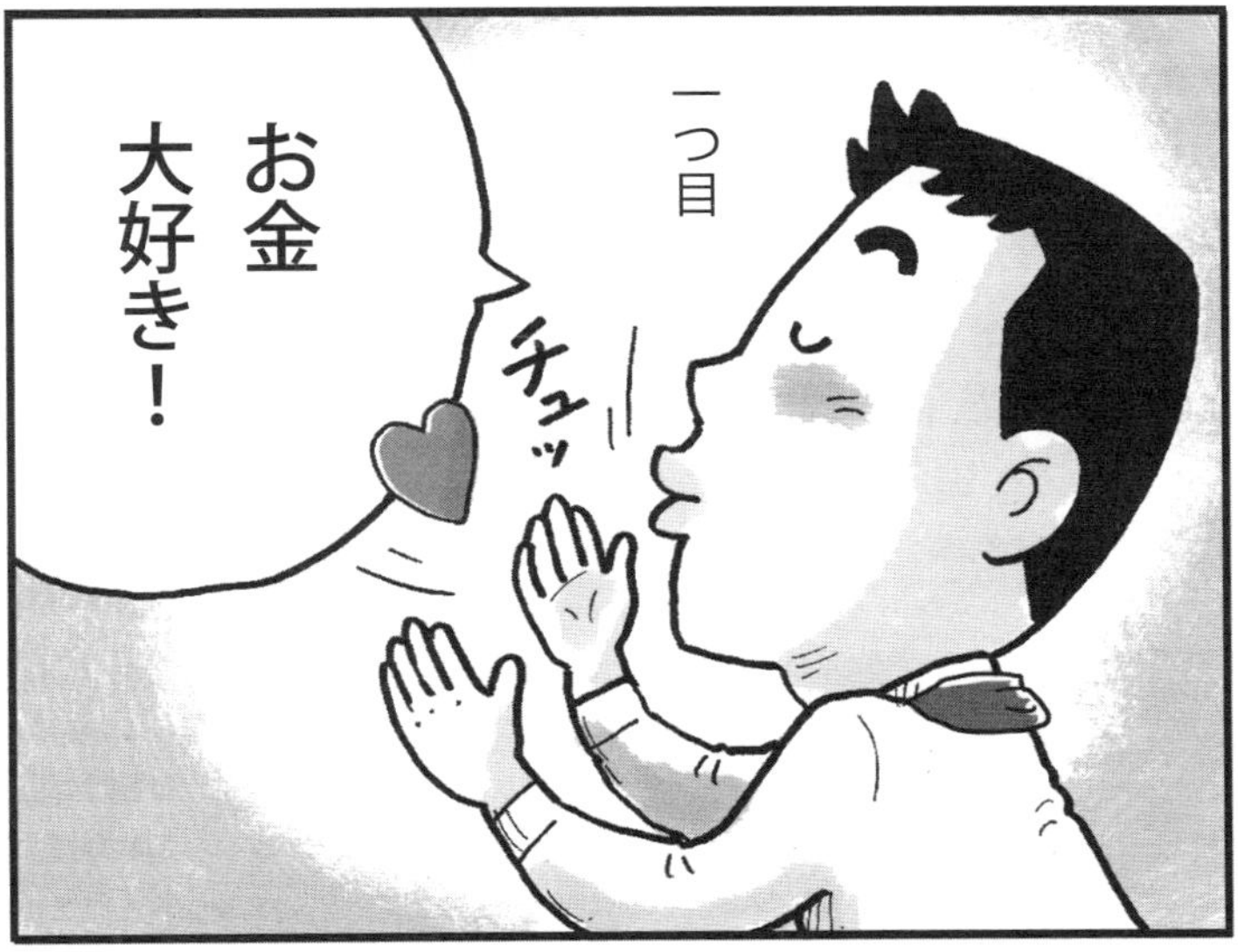
一つ目
お金
大好き！
チュッ

二つ目
福沢諭吉先生…
うむ
今日もよろしく
お願いします!
たったこれだけ

④お金がもどる財布との出会いと現金払いの習慣づけ

さて、現金の感覚を取り戻していくためには、まず手持ちのカードの整理です。カードローンのカードは一切もたないようにするほうが良いでしょう。クレジットカードのリボ払いの残債も、カード会社への電話一本で繰り上げ返済可能ですので、どんどん減らしていきます。

カードの整理は、手もちのカードの枚数を減らすことで実現していきます。これは、自分の背負いこんでいる負債額を明確にするのにつながります。カードローンのカードをより利息の低いもの一枚にまとめ、リボ払いのあるクレジットカードは繰り上げ返済が終わり次第処分していきます。

カード生活になじんでしまうと、より限度額の大きいカードを所有することが、あたかも自分の金融資産が増えていることであるかのような錯覚を引き起こします。これは完全に勘違いです。実際は借金手形の額面が増えているだけで、自分のお金をめぐる体質が改善していることにはまったくつながりません。勇気をもってカードを手放すことから、お金との健全なつき合いがはじまるのです。

おかげさまでセルフ・サジェスションの実践によって、お金とのつき合いかたが大きく改善しました。そして、そのために活用しているふだんの言葉づかいは、きわめてシンプルです。

「お金大好き」

「福沢諭吉先生、今日も一日よろしくおつき合いください」

わたしの実践しているのはこれだけのこと。この言葉を朝夕のセルフ・サジェスションの実践時に、一万円札の福沢諭吉先生の表情を眺めながら併せて唱えるだけです。

実際、お金とのつき合いがうまくいっていない人は、この言葉を唱えるのにものすごく抵抗感があるはずです。当初、わたしもそうでした。一体なぜでしょうか、お金に愛情をこめた言葉を捧げることに変に罪悪感があったのです。

この思いはおそらく、次のような感覚からくるものでしょう。世のなかにはお金より大事なものがいくらでもあるのだから、お金を最高の価値のようにみているような言葉はイヤらしいものだと……。

たしかに、お金よりも大切なものが世のなかにたくさんあるのは事実でしょう。ただ、この実践で目指しているのは自分の経済状況の改善です。ですから、そのためにもひとまずお金に気持ちを注ぎ込んでいく必要があります。

実は、セルフ・サジェスションの実践のなかで気がついたのです。「そうか、わたしはお金よりも大切なものに、お金をあまりにも惜しみなく注ぎ込みすぎているのだ」と。

お金が手元に残らない人というのは、かんたんにいうと自分の周囲にお金よりも大切なものがあまりにも多すぎるのです。そして、自分を取り巻く魅力ある人や物とのつき合いと自分の手もちのお金との関係のバランスが適切に取れておらず、崩れてしまっているということです。

「お金大好き」の言葉から現金感覚を自分に回復するなかで、わたしはこのことに気づくことができたので、「現状では、むしろ意識的に自分の思考をお金を中心にする方向に誘導したほうが良いかもしれない」と、お金に関連する本を読み込んで、自分の意識を誘導していきました。

たしかにお金は、自分が居心地の良いところに集まるものかもしれません。最初の取り組みとして愛用していた財布を、思い切ってブランド物の財布に変えてみました。

当初は二つ折りの財布でしたが、それでも何か手応えめいたものを感じとることができました。実際に財布に入れている現金の額がより多額に変化しはじめましたので、手持ちのカードローンのカードを一切処分することが可能になり、またクレジットカードも二枚だけに限定できました。

さらに、同じブランドのジッパー式の長財布に買い替えてみました。二つ折りの財布を手放したことで、たくさんのお札を長財布に入れることができるようになり、あらかじめ一ヵ月分の生活費を給料日に財布のなかに入れて、次の給料日を迎えるまでやってみる習慣がつきはじめました。

ひと月に何度もＡＴＭを利用する生活スタイルが解消され、余分な手数料の支払いがなくなりました。カードローンやリボ払いがあったころは利息まで払っていたわけですから、マイナスのスパイラルから解放され劇的な変化です。

目に見えて経済状況が改善し、借金が消えて預貯金にまわせるお金が増えてきました。ポジティブ作家・百川怜央としてデビューしてから出会ったサポーターの一人に皮革製品に詳しい方がいらっしゃいます。

「百川さん、ここの長財布が良いんですよ」と、神戸大丸の向かいに店を構えるある財布ブランドを教えていただきました。

「じゃあ、それで」

わたしはこの言葉で、意識的に人からのアドバイスをひとまず受け入れてみる習慣がついていて、彼のお勧めに従ってみることにしました。

この黒の長財布は現在でも愛用しており、コンパクトな手もちサイズでありながら、たっぷりとお札を納めることのできる素晴らしい財布です。有名ブランドだとこの質感で二倍の価格はするだろうというくらい、最高の皮革でできていてコストパフォーマンスにすぐれ使用感も最高なのです。

さて、この長財布をめぐって、こんな出来事ありました。この長財布、なんとお金が無事に戻ってくる財布なのです。

わたしはポジティブ作家・百川怜央として、これまでに四作の出版をしている一方で、おかげさまで昨年７月に本名でも学術研究書をはじめて出版させていただくことができました。これは、ドイツ哲学の専門的研究書です。この出版を記念して、夏にゆかりあるドイツ各所をめぐる旅をしました。

この旅行から帰国後のこと。関空からのリムジンバスで三宮に到着し、早速日本の地元のものが食べたくなったので、阪急三宮駅構内の「御座候」に大判焼きを食べに行き、つづいて東急ハンズ三宮店西にある「餃子の王将」に大好物の餃子を食べに行きました。夏というと、やっぱり餃子ですね。

レジに行き、支払いの段になって気がついたのです。「あれっ？　財布がないぞ！」さっきの「御座候」のときには、たしかにあった黒の長財布。どうやら道中で落としてしまったようです。

すでにセルフ・サジェスションの実践が定着しているわたしは、こういう場合いつもこのように発言しています。「これで良かった」何があっても「これで良かった」と口にしてみるのです。

財布を落として、「これで良かった」も何もあるわけありません。客観的にみるとちっとも良くない状況ですが、言葉のもつ力は強烈なので、この発言によって自分の思考が「なぜこれで良かったなんて言えるんだろう？」と、その根拠なり理由なりを追求する方向に向かっていきます。
「たしかに良かった。ドイツで落としたんじゃなくて」
なるほど。たしかにドイツ旅行中に財布を落としていたりしたら、そりゃあ大変だったでしょう。トラブルに対処するにも、海外と国内では大違いですから。こんなふうに、物事のとらえ方が変化していきます。

レジにはひとまず支払いの約束に手もちのパスポートを手わたして、捜索を開始。結局その日の夜は発見することができず、三宮駅の交番に届けてカード会社などに機能ストップの電話を入れて休みました（熟睡）。

翌朝もふだんどおりセルフ・サジェスションの実践。おかげさまで午前中のうちに生田署から電話をいただき、なんとすぐに警察へ拾得物の届け出があったとのこと。午後には生田署を訪問したのでした。

拾い主からは「御礼など結構ですから」との申し出があったそうで、生田署のご担当はそのまま財布をお渡しくださいました。「中身の金額に間違いはありませんか？」との問いかけに、別に小分けされた現金の額を確かめてみたところ、そのままの金額で何ら被害なくすべてのお金が戻ってきました。

これには、現金派で多額のキャッシュを財布に入れているわたしとしても、ちょっと驚き。「これだけあって、ぜんぜん盗られてないなんてスゴいなあ」と思ったのでした。この話を周囲にすると、「本当に日本って、素晴らしい国ですよね」「たしかに海外じゃ、まずこうはいきませんよ」との反応を頂戴します。

落としていたのは東急ハンズ三宮店前の交差点だったそうで、被害といえば長財布の表面に少しそれとわかるこすった痕跡が残っているだけ。財布が現金を守ってくれたような、そんな気がしました。

それ以来この財布を「お金が戻ってくる財布」と呼んで愛用させていただき、安心して一ヵ月分の生活費をたっぷりと給料日に入れて毎日を過ごしているのです。

落とし物といえば、わたしはクレジットカードのほか何枚ものカード類が詰め込まれたカードケースを警察署に届けたことがあります。その際、担当の方に訊ねられたのが「拾得物には、落とし主が現れなかった場合、もらう権利が発生しますが、どうなさいますか」とのこと。

「クレジットカードをもらう権利？　それって権利？　リボの残債がいくら残っているのかもわからないのに!?」

こんなふうにネガティブな思考が頭によぎったわたしは、即座に「そんな、権利なんて結構ですよ」とお答えしました。

「じゃあ、権利放棄ということですね」「そうですね」

こんなやりとりをしたのを思い出します。クレジットカードというのは、要は借金手形ですよね。普通に考えてみると、そんなもの、当然要らないわけです。

カード生活にハマっていたころは、ここらへんの感覚がちょっとおかしくなっていたわけです。「お金大好き」の言葉で現金感覚が蘇り、普通のちょうどいい金銭感覚が復活していくのをこの出来事で自覚させていただきました。

⑤自分の専門分野の研究を継続して深めていく

セルフ・サジェスションを実践して、大きく変化が生じたことの一つに、自分の専門の研究分野への取り組みがあります。たしかに、わたしは就職後もいくつかの論文を執筆しておりますが、海外での研究発表の挑戦や国内での研究発表の頻度の上昇など、目に見えて研究への取り組みがより積極的なものへと変化しています。

「やらなかった後悔より、やった後悔のほうがやった分だけプラス」という実践優先の考え方で、「あれこれ考えたり思い悩んだりしているよりも、どうやらどんどんやっちゃったほうが物事はスイスイと進みそうだ」と、とにかくまず行動に移すなかで考えていく姿勢が身についています。

実はこのような研究姿勢への変化には、より前向きに物事に取り組んで得られる人との出会いが関係しています。セルフ・サジェスションに取り組みはじめて実家にいた時期に、高校時代の恩師との再会がありました。もともと恩師はご近所にお住まいなので、たまたま恩師のご家族の正月の初詣がえりにばったりと遭遇したのです。

恩師は郷里で日本哲学の研究会を主宰し、会長に大学教授を迎えて自分自身は裏方の事務局長を務めています。わたし自身、この研究会に非常に関心があったので、この再会を機に参加させていただくようになりました。

セルフ・サジェスションの実践から次第に、研究への姿勢もよりポジティブに変化しはじめていたわたしは、２０１１年に一つ学会発表を申し込みました。この話を恩師にすると「じゃあ、ぜひウチの研究大会でも研究発表をしてよ」ということになり、この年、研究発表を二本することとなったのです。

たしかに大学院博士課程の時代に一年間で二本の学術論文を公表したことはありましたが、人前で話をする研究発表を一年間で二本計画に組み入れるのは初めてのこと。しかも恩師の研究会での発表が9月、学会発表は10月と二ヵ月で二回の研究発表です。

通常の学会発表だと、質疑応答も含めて30〜40分くらいの時間でお話をするものです。ただ、恩師の研究会では、研究発表に質疑応答も含めて約二時間半の時間を頂戴できました。

ネガティブに考えて言い訳ばかりしている時期だと、これらの一つ一つの条件が「できない、ムリだ」という理由や根拠に見えてきて、せっかくのご依頼でもお断りしてしまったかもしれません。

セルフ・サジェスションの実践に取り組んで、あらゆることから「できる、できる」と物事が可能になる方向で捉えていくことが習慣づきはじめていたわたしは、ご依頼は基本的に断らない主義になったのです。

ですから、この機会も「自分自身を鍛えて成長させるチャンス」と捉えて、取り組ませていただきました。前向きの良い言葉をつかう習慣で「できる、できる」「なんとかなるさ」と口にすると、その言葉に思考が誘導されて、実際にどうするとできるかという根拠や理由を探し出したり、つくり出そうと計画を立てたりしはじめるのです。

おかげさまで、この２０１１年の秋の研究発表の取り組みを両方無事にこなすことができたわたしは、「何にでも、まずは行動優先で取り組んでみるのが大切」という確信をつかむことができました。

さて、この経験は２０１１年の秋の話です。ポジティブ作家・百川怜央として処女作『ポジティブ思考』の出版が２０１２年の１月ですので、実はこの時期は第一作の出版準備期間と重なっています。

さらにいうと、この２０１１年９月には仕事をつうじてご依頼のあった兵庫県高砂市内の二つのロータリークラブの合同例会で講演も行なっていて、この秋はとても活発に活動していたことが記録からわかります。

多くのことが同時並行で進行しているのが、わたしたちの日常生活です。

「わたしは毎日あらゆる面でますます良くなっていきます」

"Day by day, in every way, I'm getting better and better."

エミール・クーエのセルフ・サジェスションのポイントになるのは、まさにこの「あらゆる面」という箇所です。

「一つが変わると、すべてが変わる」で、一つの歯車がスムーズに回転しはじめると、すべての歯車が相乗効果的に回転しはじめて、自分の行動実践がかつてないパフォーマンスを発揮しはじめるのです。

第4章　ポジティブ思考の発展

う〜ん
すごい!
ポジティブ思考

こ、この本
いったい
誰があ?!

あっ
わたしだった
ぽりぽり
ポジティブ思考
あんた、ほんまに
ポジティブ……
そして、
ちょっとアホ

①勉強や研究の成果をアウトプットする機会をつくる

２０１２年１月、わたしは、百川怜央の作家デビュー以降、自分のパフォーマンスの高まりへの確信を、自分自身の実感として深めていくことになります。

「百川怜央はポジティブ作家なので、セミナーも開催したほうが良いかも」

おかげさまで、作家クロイワ・ショウさんの活動をモデルにさせていただいているので、クロイワさんの大阪セミナーに頻繁に通わせていただくなかで、「同じように来てくださった皆さんに喜んでいただけるトークの機会をもって、自分もセミナー開催にチャレンジしてみよう」と決意することができました。

勉強でも研究でもアウトプットをしていく前提で取り組んでいくと、インプットしていく際の自分の観点がそれまでとは違った新たなものへと変化していきます。

百川怜央ポジティブセミナーの第一回目は２０１２年８月に、キャンパスプラザ京都にて開催させていただきました。おかげさまで参加者は八人。末広がりの八月に八人という、未来に向けて最高のスタートでした。

さて、本書の第1部のセルフ・サジェスションの理論と実践の内容は、この第一回セミナー以来お話しさせていただいているものです。その内容を著作のなかで丁寧にまとめたのは、今回の本作がはじめてとなります。

逆にいうとわたしの処女作『ポジティブ思考』では、セルフ・サジェスションについて「言語による誘導自己暗示」という訳語でかんたんに触れているだけです。

『ポジティブ思考』という著作全体はポジティブなプラス思考の発想や考え方、あるいはプラス思考へと自分を導くポジティブな言葉の使用事例を中心に構成されています。

実は、これは意図してやっていることです。

繰り返し述べているとおり、セルフ・サジェスション自体は、自分にポジティブにもネガティブにも暗示をかけることを可能にするものです。ポジティブ作家・百川怜央はポジティブなので、プラス思考の暗示をかけていくことを専門とする役割を担っているにすぎません。

皆さまもう、お気づきかと思います。つまり、こういう仕方で処女作『ポジティブ思考』は、その本を読むこと自体がポジティブなセルフ・サジェスションの実践とつながるように意図して執筆されたものとなっているのです。

これは、『ポジティブ思考』の成立事情に関係しています。

たしかに執筆に取りかかる前には、あまりにもネガティブ思考に陥ってしまっている自分がいました。当時、その自分をポジティブ思考に変化させていくために、ポジティブな情報をさまざまな機会から自分にインプットしていました。

このポジティブな情報をインプットするだけでなく、同時にアウトプットもすることで、プラス思考への変化とその定着をねらって自分のブログ記事として書き出していた原稿が、処女作『ポジティブ思考』としてまとめられたのです。

今なお『ポジティブ思考』を読み返すとき、その内容の豊かさに驚かされます。おかげさまで「なるほど、こんな内容の情報ばかりに触れていると、そりゃあ発想がポジティブになるわなあ」と納得させられるものばかりです。

また『ポジティブ思考』発売年からの研究面での取り組みを振り返ってみると、２０１２～１５年の四年間で七回の学会発表および研究会発表に取り組んでいて、そのうちには初めての国際学会へのチャレンジが含まれています。この期間の研究書および研究論文の公表は四本で、京都の有名学術出版社から専門研究者として、本名での処女作の出版に成功しています。

勉強した内容、研究した内容をどんどんアウトプットしていこうという姿勢が定着していて、表舞台に跳び出して自分を積極的にアピールしていくタイプの人間へと変化していることが実際の結果にあらわれています。

前向きな言葉がプラスの思考を形成し、プラスの思考が積極的な感情を導き出します。この積極的な感情はポジティブな行動実践へと結実していくものであって、このポジティブな行動実践がさらに前向きな言葉を生み出していきます。

こうして、ここにはポジティブ・スパイラルともいうべき変化と成長のプロセスがうかがえるのです。

②経済状況がプラス転換する

おかげさまでセルフ・サジェスションの実践に取り組んで、ポジティブ思考に自分を導くことに成功するにつれて、自分を取り巻く経済状態がみるみる改善していきました。

たしかに出版不況の折から、本を出版したことによる印税収入などについては非常に限られたものがあります。ちょっと計算してみるとわかることで、定価1000円の本を印税10パーセントで売っても一冊の印税収入は100円ですよね。これが仮に一万部売れても100万円の印税収入で、そこに所得税などの税金がかかってきますから、これではとても食べていけません。

ただ、わたしの場合、もともとの本業収入があることから、セルフ・サジェスションの実践によって適切な収入と支出のバランスが取れる自分へと変化して、カード負債などを背負い込みがちな自分からの脱却に成功していったわけです。

ひと言でいうと、お金をめぐる体質の改善に成功するということです。この自分のお金の体質分析には、実は自分のもつ資産について明確に整理する習慣づけと、適切な家計分析シートが必要です。

　また、この分析のためには非常にかんたんなもので良いので、家計簿などをつける習慣づけも必要になってきます。お金をめぐる体質が良くないときというのは、こういった一つ一つの事柄が押し並べていい加減になってしまっていながら、自分では「それなりに管理して、やれているはず」と思い込んでいるものです。

　この自己管理がより良い方向に改善されていくのがセルフ・サジェスションの実践効果で、現状に満足せず、つねに「もっとより良いやり方があるはずだ」と、新しい手法やツールを探し求めています。

　この場合、自己管理といってもそんなに厳密じゃなくても良いのです。現在はスマホの家計簿アプリを利用し、買い物や外食の直後にレシートの合計金額を十円単位まででで入力しています。

　こまかい品目にこだわるとか、一円単位まで厳格に入力するとか、あまりこまかく考えすぎるとストレスになりそうなので、ある程度ザックリと自分の支出状況を把握するだけで満足するのが、長く家計簿をつけていくコツです。

　わたしの場合、たしかに家計簿めいたもののメモは、セルフ・サジェスションの実践に取り組む以前からつけていたのです。これがセルフ・サジェスションの実践に取り組むことで、よりきっちりしたものへと発展していきました。それまでの良い習慣が、さらに良いものへと発展していくプロセスの実感です。

おかげさまでセルフ・サジェスションの立場から経済状況を好転させるプロセスのなかで、たくさんのお金に関する指南書も読ませていただきました。そうすることで、お金の本を読むことの意味がしだいにわかってきました。

お金の指南書を読むと、お金に向かう思考が読む本の内容にしたがって誘導されます。自分のマネープランに合った適切な本を読んでいくと、実際にそのようにお金が貯まるようになっていくのです。

『ポジティブ思考』出版後二年ほどして、一度きっちり自分の経済状況を把握してみる必要があると思い、家計の現状分析シートをつけてみました。わたしはお金の本については、経済評論家の山崎元さんの大ファンです。山崎さんのちょっぴりシビアな語り口が、お金への堅実な姿勢がうかがえて大好きです。

そこで山崎さんのご指南にしたがいながら、先生の本の内容のわかるところから自己流にアレンジして生活に取り入れてみました。現在では、たとえば次の六項目で自分のお金の状況を、スマホのメモ機能を利用しリアルタイムで整理しています。

①税引き後の年収（つまり手取り年収）、②一年間のおよその生活費（つまり年間の支出）、③長期の資産（つまり不動産などのすぐに現金化できないもの）、④短期の資産（つまり預貯金や株などのすぐに現金化できるもの）、⑤長期のローン残高（つまり住宅ローンや旧日本育英会の奨学金）、⑥短期のローン残高（カードローンやリ

ボ払い残高）。この六項目をチェックすると、自分のお金の余裕がひと目で把握できるようになります。

たとえば、①―《マイナス》②で自分がお金の運用にまわせる余裕資金の額が把握できます。たしかに①＞②だと黒字で生活に余裕がありますが、①＜②だと赤字で余裕がないわけですから、お金の運用よりも生活スタイルの改善が必要だと考えられます。

たとえば、（③＋④）―《マイナス》（⑤＋⑥）で、自分を取り巻く資産とローンの関係がわかります。（③＋④）＞（⑤＋⑥）だと、計算して出てきた額が自分の本当の純資産額といえるでしょう。逆に（③＋④）＜（⑤＋⑥）だと、経済状況は負債額のほうが大きいわけですから、自分の借金体質をなんとか早期に改善できないものかと検討したほうが良いかもしれません。

いま思うと、セルフ・サジェスションの実践に取り組む以前は、このような当たり前の計算も頭のなかが混乱していて、きっちりとできていなかったかもしれません。

自分では計算ができているつもりなのに、なぜか一向に減る気配のない借金。この状況に伴う不安感が、自分のネガティブな思考の大きな要因の一つであったことは疑いないといえるでしょう。おかげさまで現在のわたしは、この（③＋④）―《マイナス》（⑤＋⑥）の計算額が完全にプラスに転じており、ポジティブに経済体質の改善に成功しています。２０１２年１月以前のメンタル状態がウソのように感じられる毎日で、セルフ・

サジェスションの効果を実感しています。

③ 行動を優先させることによって自分の感情を支配する

人間は感情をもつ生き物ですから、毎日セルフ・サジェスションを実践しているといっても、良い気分のときもあれば、悪い気分のときも自ずとあるものです。それでもなお、毎日の活動に一定のパフォーマンスを維持できているのは、セルフ・サジェスションのもつ自分の活動を習慣化させる力なのです。

「良くなるよ　わたし毎日　あらゆる面」

毎日のこのアファメーションから、確実に次の行動にすぐに移る習慣が芽生えてきます。

たとえば、たしかにセルフ・サジェスションの実践で経済状況が改善するということは、自分のなかで無駄な支出を節約することが体質化しているということです。

しかし、わたしの周辺で、わたしの日々の活動をふだん見ている人からは、むしろ逆に活動量が増えて、いろいろと支出も増えているように見えるかもしれません。実際はその予想や憶測とは逆に展開しているところが、セルフ・サジェスションの実践の凄みだといえるかもしれません。

同じ時間をかけているのに、実際に結果を生み出す分量が増えています。本当に行動ができる量が増えていきながら、疲れを感じることなく次の動きが即座に取れていくようになります。

即座に行動へ移るポイントはスマイル。笑顔をつくって次の行動を「させていただく」とつぶやくと、驚くほどスムーズに次の行動へと入っていくことができます。

セルフ・サジェスションの実践から、ふだん口に出す言葉を徹底的にプラスのものだけに限定していくなかで、気がついたことがあります。

自分の内面ではたしかに、さまざまな感情が心のなかにあるなかで、自分が実際に外に出す内面にある要素をプラスのものだけに限っていくと、自分の内面が実際に表現されて外に出てプラスの要素につよく影響されるということです。

そして、その表現された外面の要素が、自分の内面においても本当のものになっていくのです。いいかえれば、自分の内面の要素は自分の外面の要素に影響されて、いとも簡単に変転していくということでした。

たとえばスマイルを例にとると、笑顔は楽しんでいるときの表情なので、身体のほうは楽しんでいる状態になります。すると内面の感情がその笑顔である外面に影響されて、物事を楽しみとして捉えるように変わっていくのです。

セルフ・サジェスションの実践に取り組む以前は、たとえば「しんどい」「疲れた」といった言葉を簡単に口にして実際にそのように感じ、身体の状態もそのように変じていました。

ところがセルフ・サジェスションに取り組みはじめてからというもの、これと同じような状況にあるときに、意図して、笑顔で「ラクラク」「元気いっぱい」と口にするようにし、むしろこの言葉づかいのほうを習慣化するようにしています。

すると、どうでしょう。やっていることはさほど違いがないし、おそらく置かれた状況も同じようなものであると考えられるなかで、内面での捉え方が以前とは真逆になっていて、身体状態は快活なままなのです。

内面にあることよりも、むしろ外面化したことのほうが、自分にとっての真実となっていくというメンタル構造があります。

たとえば「セルフ・サジェスションって、プラシーボ効果のことですか?」とよくたずねられます。たしかに、プラシーボ効果とセルフ・サジェスションは似ています。実際、わたし自身がセルフ・サジェスションに取り組む以前は「たしかにそんなこともあるのかもしれない」程度に理解していただけのプラシーボ効果も、現在ではそれが自分の変化と成長にもつ強力なパワーを確信するようになっています。

ただ、セルフ・サジェスションとプラシーボ効果とでは、決定的な違いがあります。

プラシーボ効果は、自分が気づかないなかで行われる偽薬効果です。それに対して、セルフ・サジェスションのほうは、自分で自分をこのように変えてみようと意識して、意図的に自分の内面を一定の方向へと誘導していこうとするものです。

セルフ・サジェスションの場合はこの「意図的」にするという点が、決定的に違います。ここでは自分の意識の向かう方向を、自分の意図する方向へと誘導することを目指すのです。

その意味では、セルフ・サジェスションの実践は日々の鍛錬に近いものです。ふだんの自分の思考が向かう方向を、自分が意図する方向に向かうように習慣づけるものです。「良くなるよ　わたし毎日　あらゆる面」のアファメーションは、野球でたとえるとバットの素振りやキャッチボールのようなものです。

ふだんから良いことばかりに意識が向かう自分に変化させ、悪いことに思考が向かいがちな自分を意図して矯正していくのがセルフ・サジェスションのもたらす効果です。

このメンタル効果を促進させる意味からも、セルフ・サジェスションの実践は笑顔で行うほうが良いでしょう。毎日朝夕スマイルで「良くなるよ　わたし毎日　あらゆる面」の言葉を20回唱える実践だけで、毎日の活動のパフォーマンスが維持され、より良き方向へと意識が本当に向かっていきます。

ポジティブのすごいところは
自分の肯定だけじゃなく…

他人も肯定することによって…

あれっ
ちょっと生えてきた…？
そうそう、良くなるよ！

どんどん、良くなるよ！
ん？
ちょっとスリムになったような……

みぃ〜な
しあわせ！

④想像力をプラスの方向に誘導して行動派の自分に成長することができる

行動が継続できるのは、自分の行動がもたらす結果へのイメージが良いものとなっているからです。自分の判断はつねに良い結果をもたらすというイメージが形成されることで、実践はやめずに継続することにつながります。

ただこれには、たしかに反対の場合も考えられます。実際には物事には継続したほうが良いこともあれば、継続すると良くないこともあるかもしれません。とくに身体的に害があることや、法的にも道徳的にも問題のあることは、むしろやめる必要があるでしょう。

人間関係についても同様で、今までどおり継続したほうが良い人間関係もあれば、思い切って断ち切ったほうが良い人間関係もときとしてできあがってしまうかもしれません。みんな、人間ですから。

自分のとる行動を判断する際に一切迷いがないと、スッキリと物事がスイスイ運んでいきます。自分の行動判断について肯定的なイメージが形成されると、何でもすぐにはじめることのできる自分、あるいは逆に何でもすぐに断ち切ることのできる自分に変化させることができるわけです。

自分の行動判断について肯定的なイメージをもつように、意識を誘導する言葉は非常に簡単です。

「これで良かった」

これだけです。必要なのは、物事や状況を判断し行動して、そのつど「これで良かった」とひと言つぶやくだけのことです。

たしかに、こういうと「いったい何が良かったのだろうか」という疑問が、心のなかに湧くかもしれません。

しかし、物事の理由づけや根拠づけは物事が終わったあとに頭のなかで行われるものなので、この疑問によって、わたしたちの思考は実際に自分の目の前で展開している出来事が「本当にこれで良かったのだ」と思えるだけの根拠や理由をサーチしていきます。

この言葉は、哲学の研究者のあいだではカントの言葉としてなじみがあり、よく知られています。

「Es ist gut.」(ドイツ語で「これで良い」)

これは、カントが死の床にあって最後に述べた言葉として知られています。カントほどの偉大な哲学者になると、自分のつくりあげた哲学の体系に何の疑いもないほど満足して人生を終えることができたということなのでしょう。

もちろんこの場合、この言葉をそんなに重い意味に捉える必要はありません。日常の一つ一つの行動判断に適用すると、あらゆる物事が肯定的に見えるようになっていきます。そして、その後どのように物事が展開していこうとも、その状況の変化や展開までもが、そのつど「これで良かった」のひと言を添えていくだけで、すべて素晴らしい動きのように思えるようになっていきます。

「これで良かった」

本当にすごい言葉だと思うのは、セルフ・サジェスションに取り組む以前にあったいろいろな悪癖や悪友とのつき合いが、そのつどの判断の直後にこの言葉を添えることで、きれいサッパリと整理されていったからです。

お金についても、経済状況が好転していったきっかけの場面には、つねにこの言葉があって、「本当に毎日良くなっていく」という実感に導く言葉です。

自分の行動からリミッターが外れて頻繁に海外旅行をするようになったのも、セルフ・サジェスションの実践に取り組みはじめてからのことです。自分の行動はポジティブな結果をもたらすものであって、ネガティブな結果をもたらすことはないと思っているからこそ、その行動をとるわけです。セルフ・サジェスションの実践に迷いや悩みは一切ないわけです。

「やらなかった後悔より、やった後悔のほうが絶対にプラス」

なるほど、やった分だけ同じ後悔でもプラス要素があるのはたしかです。しかし本当のところをいうと、「これで良かった」と思って実践することに、後悔なんて一切生まれてこないものです。

迷いや悩みのなかで「どうしようか、やめといたほうが良いかな」と思いながら行うことにこそ後悔が生まれるのです。

「良くなるよ　わたし毎日　あらゆる面」と唱えながら、そのつど「これで良かった」という判断でなされていく行動は、一種の決意とか決断にもとづいた実践に近いものなので、決して後悔にいたらないのです。

⑤7対3の割合のトータルポジティブでじゅうぶん満足な毎日に

百川怜央の処女作『ポジティブ思考』を読み返していくと、気がつくことがあります。それは、最近自分でも驚くほど忠実に、本のなかで書いているとおりの思考パターンと行動パターンで生活しているということです。

ところで「ポジティブ思考」という言葉でよく誤解されていることの一つに、ポジティブ思考にこだわることが、人によってはストレス化するのではないかというものがあります。

つまり「つねにプラス思考で、前向きに取り組まなければならない」という思いが、人によってはメンタル面で非常にネガティブに働き、行動に成果を生み出せない、自分を責めるようなマイナスの思考パターンに陥らせて、かえって次への行動を停滞させるのではないかというご指摘です。

実はこのご指摘については、すでに処女作『ポジティブ思考』のなかで答えており、差し支えなければ同書の「8　夢を語ろう」や「40　完璧な結果を目指すことにとらわれない」の節を再読してくださると助かります。

いま一度、本書でもここで語られている「七対三」の物事の捉え方について、再確認しておくと良いかもしれません。セルフ・サジェスションの実践で目指しているのは、トータル・ポジティブの発想と行動です。人間は神ではないので、さすがに100パーセントのポジティブはないでしょうから、セルフ・サジェスションの実践といっても100パーセントの結果は伴いません。

たしかに、具体的な実践の場面では、日常の生活のなかで自分が口にして発する言葉を100パーセントの割合でプラスの意味のものだけに限定していくことを目指します。

ところが、自分がアウトプットして表現するものを100パーセントの割合でプラスの意味のものだけに限定している場合でも、その受け取られ方や解釈のされ方は、100パーセントの割合でプラスになるということはありません。

人間は理性的だとはいっても、やはり有限な存在なのでしょう。親しい間柄でもときとしてわかり合える部分もあれば、相も変わらずわかり合えない部分もあるのが現実です。

ただ、この部分をマイナスに解釈せず、「トータル・ポジティブで捉えていきましょう」と提唱しているのが百川怜央の立場です。自分のなかでは100パーセントのアウトプットを目指しつつ、実際に生じる成果については70パーセントの達成で満足していく姿勢でじゅうぶんだということです。

百川怜央ポジティブセミナーでは、一年に一度、年末の回に翌年一年間の計画を立てる場面が設けられます。ここで立てられた年間計画を翌年の年末の回で内容吟味してみると、振り返ってだいたい七対三の割合で物事が達成されています。これは自ずとそうなるようで、面白いところです。100パーセントのアウトプットを目指す前向きの取り組みというのは、たしかに実際には限界があるのが人間というものなので、100パーセントの成果を上げるところまではいかないにしても、しかしながら意図して意識的に自分の思考を誘導することで70パーセント程度の達成はじゅうぶんに可能になるということです。

ふだんからできていないマイナス要素にばかり注目していると、その意識が現実に行動の停滞を招き、本当にできないことのほうを多くしてしまいます。

セルフ・サジェスションの実践に取り組んで気がつくのは、これまでのマイナス思考では、できないことへの過度な意識が「できない、ムリ」という思い込みを自分のなかで形成させ、物事を本当にできない状態へと誘導してしまっていたということです。

むしろ自分のトータルのイメージのなかで、七割程度のことは実際じゅうぶんに達成できているという方向へ意識を向けていくことに成功すると、その達成されている七割の部分がさらに促進されて、より良い方向へとその達成度を増していく事実が発生していくのです。

イメージのなかで肯定感をもつ必要があるのは、自分のやっていることだけではありません。人のやっていることについてもプラスイメージを抱いていくと、思いのほかスイスイとことが運んでいく毎日に変わっていきます。

「じゃあ、それで」

セルフ・サジェスションの実践に取り組んでからというもの、わたしは日常のあらゆる局面で「じゃあ、それで」と他の人がすることを肯定しています。

これは周囲からご指摘を頂戴した、以前にはなかったわたしの口グセです。セルフ・サジェスションの実践に取り組む以前は、そんなにすんなり人のいうことを肯定的に捉えていく自分ではなかったということなのかもしれません。

たしかに「ダメダメ、ムリムリ」と言っていると、自分のやっていることはもちろん、人のやっていることにも否定的な見方ばかりしてしまうものです。しかし、セルフ・サジェスションの実践に取り組む以前は、人のやることに「ダメダメ、ムリムリ」と言って、否定的に批判することこそが物事を生産するのだと思っている向きがあったようです。

七対三の発想で人のやっていることを捉えて、三の部分が否定的であってもよいでしょう。ただこの三の部分ばかり指摘するような姿勢をとると、当然に周囲からはネガティブな視線が返されてしまうものです。

まずは「じゃあ、それで」と、肯定的に人のやることも受け入れてみることです。自分がまず受け入れる姿勢や態度をとることが大切で、すると七対三の七のプラスの部分に意識が向く自分に自ずと変化していきます。

参考文献

C.H. ブルックス、エミール・クーエ（河野徹訳）
『自己暗示』法政大学出版局（1966 年、新装版 2010 年）
エミール・クーエ（林泰監修・林陽訳）
『暗示で心と体を癒しなさい』かんき出版（2009 年）
ナポレオン・ヒル（田中孝顕訳）
『携帯版　思考は現実化する』きこ書房（2005 年）
ナポレオン・ヒル（田中孝顕訳）
『新版　心構えが奇跡を生む』きこ書房（2012 年）
オグ・マンディーノ（山川紘矢・山川亜希子訳）
『世界最強の商人』ＫＡＤＯＫＡＷＡ（2014 年）
オグ・マンディーノ（坂本貢一訳）『十二番目の天使』求龍堂（2001 年）
クロイワ・ショウ『出稼げば大富豪』ＫＫロングセラーズ（2009 年）
山崎元『お金をふやす本当の常識』日本経済新聞出版社（2005 年）

著者プロフィール

百川怜央（ももかわ　れお） Leo Momokawa

ポジティブ作家。兵庫県生まれ、神戸市在住。

ポジティブ・シンキングの研究と実践に取り組み、その成果を著述活動およびセミナー活動で一般的に紹介。

趣味は読書、映画鑑賞、語学学習（英語・ドイツ語）など。1年で26キロダイエットに成功した経験がある。

著書に『ポジティブ思考―自分を高める言葉と行動』『1分で身につく「ポジティブ力」―あなたを成功に導く言葉とスキル』『ポジティブ思考になる10の法則－たった1分で人生が変わる黄金の言葉』『ポジティブ勉強術―TOEIC® テスト半年で100点以上アップを実証！』（以上セルバ出版）。


可能性のとびらを開け！

セルフ・サジェスション入門

2015年11月18日　第一刷発行

著者：百川怜央
漫画：西垣秀樹
発行：アートヴィレッジ
〒657-0846　神戸市灘区岩屋北町3－3－18・4F
TEL078－806－7230　FAX078－806－7231
〔受注センター〕
TEL078－882－9305　FAX078－801－0006
http://art-v.jp